コンビニが
日本から消えたなら

日本一のコンビニ流通アナリスト

渡辺広明

KKベストセラーズ

コンビニが日本から消えたなら

問題とコンビニの強み

コンビニは全国で

5万8,669店舗

（月刊コンビニ／2019年9月のデータ）

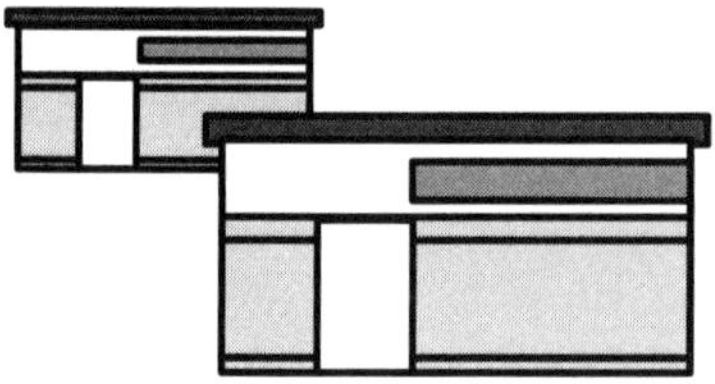

cf. **スーパーは**
全国2万2217店舗

詳しくはP.36参照

コンビニの売上高は

10兆9646億円

（JFA 一般社団法人日本フランチャイズチェーン協会／2018年）

cf. **2008年売上高は7兆940億円**

詳しくはP.46参照

数字で見る日本社会の

174億2,665万人

コンビニの
年間来店
総客数は

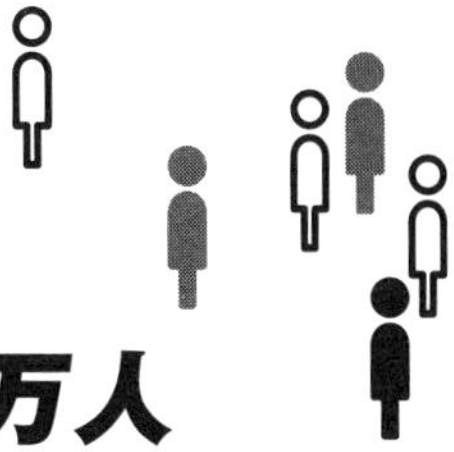

（JFA 一般社団法人日本フランチャイズチェーン協会／2018年）

詳しくはP.36参照

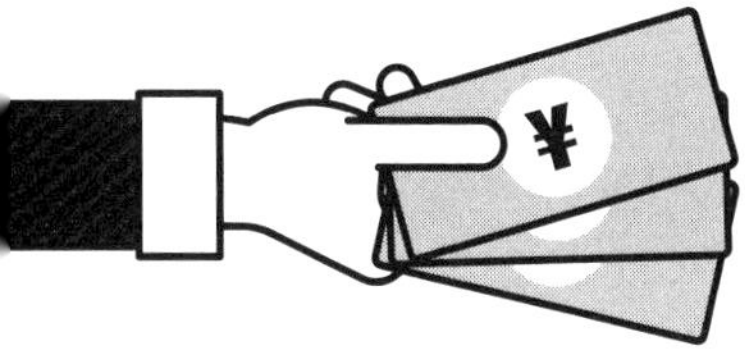

有人レジの現金払いは（商品2〜3品のとき）

平均36.4秒

（東京スポーツ新聞社の調査）

電子マネーで
セルフレジ
ならば20秒前後

（店舗で働く渡辺広明氏計測）

詳しくはP.52参照

日本の
高齢化率は
2036年に **33.3%**

※65歳以上が占める割合　（総務省）

セブン-イレブンの来店者は
50歳以上が 37%

（セブン-イレブン広報／2017年）

詳しくはP.59参照

コンビニ全店舗での**食品ロス**は

年間21万〜32万トン

詳しくはP.100参照

（取材を基に渡辺広明氏推測）

オーナーの利益は **マイナス**

食品 廃棄 の場合 −44 円

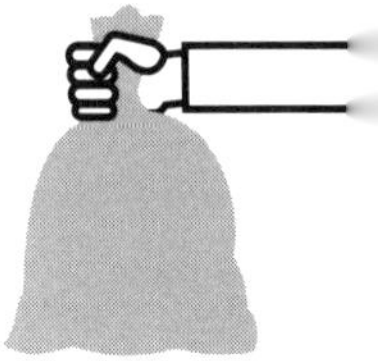

食品

半額で売れる とプラス ＋80円

※売価100円原価70円10個中8個販売
「オーナー：コンビニ本部」の取り分を「4：6」の場合

詳しくはP.103参照

真·生産年齢は

1172万人減少

（内閣府データより作成）

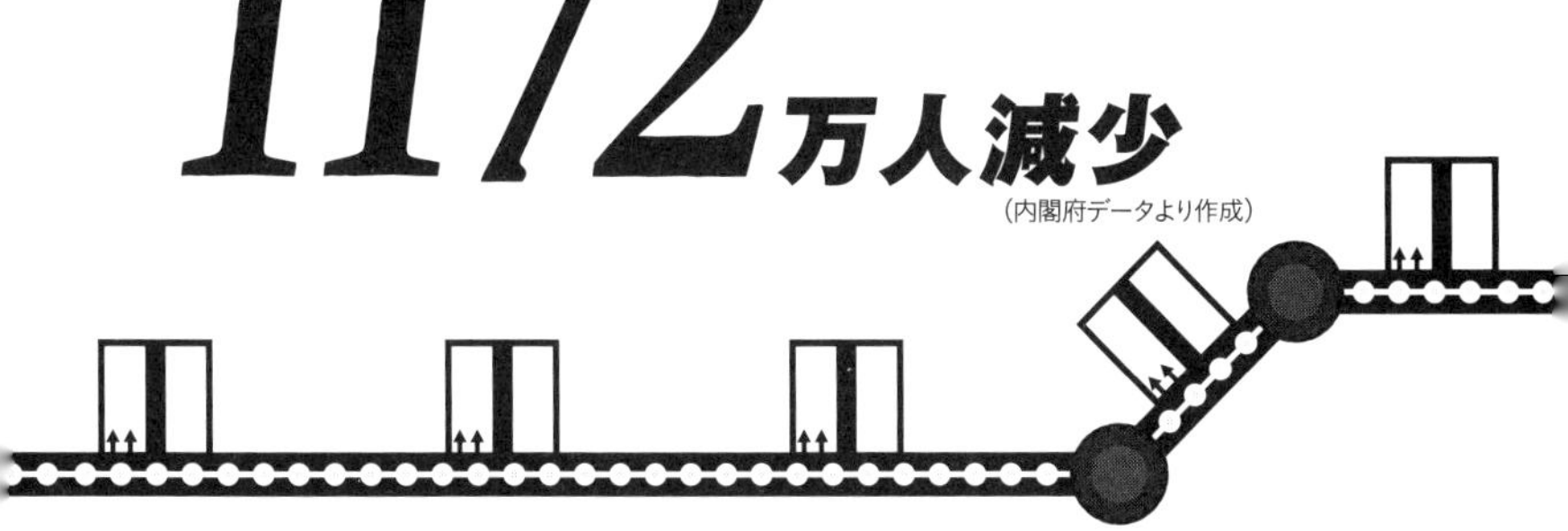

ピーク時
1996年 **8067万人**

詳しくはP.44参照

2018年 **6895万人**

はじめに

コンビニのない世界を想像できますか？

高校3年まで家事全般は母親任せだった浜松の田舎育ちの私が、東京の大学に進学を機に上京することになり、一人暮らしのワクワク感と不安がまじった心持ちだったことを憶えています。母親も同様だったようです。

そんな不安を一変させた親父の一言、

「住む所の近くにニコマートって24時間開いてる店があるから大丈夫じゃないか」

確かに、その後の10年近く続く一人暮らしはもとより、いまに至るまでコンビニのおかげで不自由なく便利に暮らすことができています。そして外国に行くとそのありがたさを痛感します。

誰もがたとえ1人でも快適に暮らすことができる世の中になったのは、まさにコンビニが大きな役割を果たしたからなのではないでしょうか？

同時に、未婚化を加速させた戦犯かも。いまでは高齢者世帯の拠り所にもなっています。

セブン-イレブンのTVCMのキャッチコピーが「開いててよかった」から「近くて便利」へと変わり、国民にとってなくてはならない、空気や水のような存在に昇華したコンビニ。

まさに日常を支える店に生まれ変わっています。

しかしながら、人手不足も深刻化して、都内のコンビニでは外国人労働者なくしては成り立たないし、若年層人口の減少でアルバイトも集まらない。時給も上がっている。店舗運営を担うフランチャイズオーナーの窮地は加速しています。

コンビニは、24時間・年中無休。

全国で従業員が駅伝のように襷《たすき》をつなぎながら商売してきました。現状では襷をつなぐことは難しくなり、深夜営業や正月営業の見直しが増えていきそうです。

そして、2020年7月のレジ袋の有料化、日々発生する食品ロス問題。人口減少社会でシュリンクするマーケットとなり、ドミナント問題も加速。

労働者ではないと定義され、個人事業主とも一概には言えないフランチャイズオーナーに対する法規制の行く末。

コンビニは、お客さまのニーズ・ウォンツを消費意欲を満たし続けるだけではなく、令和に入り社会的意義に立ち向かい進化する時代となりました。

コンビニは変化対応して45年間伸び続けました。全国に5万8000店以上あるコンビニがさまざまな課題を解決していけば、自ずと日本全体が元気になっていくでしょう。

世界最強のリアル小売業のコンビニが社会の問題を解決してさらに進化していく。すごくワクワクしませんか？

ただし、いま必要とされている社会的課題との向き合いは、オーナー・本部ともに大変厳しい戦いとなります。そんな現状と処方箋を、日本の未来になぞらえて、この本を書きました。

ぜひ本書を読んで頂き、皆様が感じた異論反論・斬新なアイデアで、前向きな議論が活発化する機会になれば幸いです。

コンビニは日本の誰もが利用する、日本国民が作り上げた、世界最強のリアル小売業であり、そのことに異論を挟む人はいないでしょう。

目次

第1章 コンビニは社会問題解決の最前線! 33

第2章 コンビニこそ商品開発の最前線！

第3章

第4章 目からウロコのコンビニ裏事情 223

SPECIAL 1

未来のコンビニはすでに始まっている！

セブン-イレブン × NEC

セブン-イレブン 三田国際ビル20F店

2018年12月に、NECのAI・IoT技術を活用し、従業員をサポートする、初の省人型店舗となる「セブン-イレブン三田国際ビル20F店」がオープン。この取り組みは、マイクロマーケットと呼ばれる狭小商圏へ適応するための実証実験としてスタートした。特定の顧客が利用する立地であるマイクロマーケットの特性に合わせ、AI·IoT技術を活用した顔認証による手ぶら入店及び決済を可能としている。

店内はウッド調と白を基調とした雰囲気。取り扱い商品は、おにぎり、サンドイッチ、パン、乳飲料、ソフトドリンク、菓子、カップラーメン、セブンカフェ、雑貨等約400品目。

コミュニケーション・ロボット「PaPeRo i」がお客様の顔を認識し、属性に応じたおすすめ商品を提案してくれる。

手ぶらで簡単に決済が完了する顔認証システムや社員証決済に対応するカウンター。現代社会の時短を求める声に対応。

ファミリーマート × パナソニック

ファミリーマート 佐江戸店

ファミリーマートは、パナソニックの最先端技術を取り入れ、協業することで「顧客視点」の次世代型店舗ビジネスに取り組んでいる。この実証店舗を2019年4月に横浜市都筑区佐江戸にオープン。顔認証決済が可能な併設エリアは、現在は登録を済ませた関係者限定利用ではあるが、通常エリアでもIoT・画像分析・AIによるデータ分析といった技術供与を受け、効率化だけではなく顧客に優しい業務支援システムを導入。

併設された実証実験エリアの会計コーナーでは、パナソニックが得意とする画像認識技術を駆使して商品が認識され、その場で顔認証を行うことで、スムーズに手ぶらでの決済が完了。

店舗は、パナソニック佐江戸事業所に隣接。パナソニックによる運営というのも新しい。

棚監視カメラが欠品を感知し補充が必要な商品をウェアラブルデバイスに知らせる。

通常エリアのレジカウンターには、対面翻訳システムが採用され、接客をサポート。

ローソン

CEATEC JAPAN 2018 展示ブース

ローソンが2018年にお披露目した未来のコンビニ像は、都市型の店舗ではデジタル技術を最大限活用し省力化を進めることで、充実した生活に時間をあてたい、忙しい人々のニーズに効率化で応えていく。一方、高齢化や人口減少が進む地方では、効率化によって生まれる従業員の時間と労力を、接客コミュニケーションを中心としたコンシェルジュサービスにより多く注ぎ込む。そのためにAI·IoTを活用した店舗づくりであった。

ローソンが目指しているのは無人店舗ではない。省人化、効率化は図るが、何よりもお客様に感じてほしいのは「最高の顧客体験」。そんな施策が提案されている体験型店舗の展示であった。

プロジェクターに投影されたバーチャル店員が接客。いまはスタッフによる遠隔操作だが、将来はAIによる対応を目指している。

RFIDタグを活用したウォークスルー決済を体験。決済方法を登録したスマホをリーダーにかざして決済完了。電子レシートが送られてくる。

こちらは、AIを活用したサイネージコンシェルジュが、上部のモニターで、深掘りした商品情報を提供してくれるサービス。顧客1人ひとりに役立つ、きめ細かな接客が実現する日も近い！

店舗内イートインコーナーの新たな用途提案として、医師診断サービスなどで、専門家からアドバイスを受けられるリモート施策が。

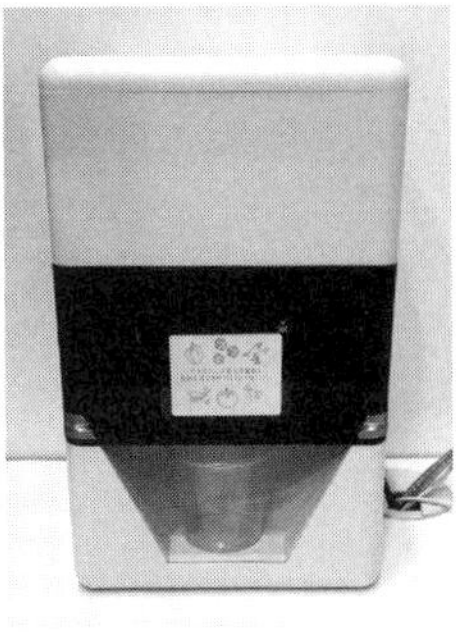

健康医療への関心が高まる昨今。リモート医療診断システムを活用して、パーソナライズに対応したサプリを提供するサービスも展示。

SPECIAL 2

世間を揺るがすコンビニTOPICS

SECTION 01

24時間営業問題

コンビニ史45年で初めて迎えた転換期 時短営業に向けた仕組みづくりが求められる

２０１９年２月、大阪府東大阪市のセブン‐イレブン加盟店オーナーが、独断で

24時間営業を取りやめ、時短営業を開始。この騒動に端を発し、コンビニ業界における オーナーと本部の問題が顕在化しました。

日本のコンビニ45年の歴史において、2019年は初めてとも言える転換期を迎えています。それは、これまで決して動かないと思われていたコンビニ本部が、オーナー側に対して歩み寄りを見せ始めたことです。

時短営業をはじめとするオーナーと本部間の諸問題は、第1章で詳しく解説していくので割愛しますが、本項において1点だけ、私の見解を申し上げるならば「全店が24時間営業を行う必要はない」ということです。

深夜の来店客が少ないエリアでは、病院群輪番制のように、深夜営業を行う店舗を限定する必要があるでしょう。民間競争に任せず、行政の介入やフランチャイズ法の策定によって、問題解決に向けて早急に動き出すべきです。

コンビニ各社の対応を見ても、今後、24時間営業のコンビニが減っていくのは明らかです。消費者もまた、コンビニの時短営業に慣れていく必要があるでしょう。

SECTION 02

消費税の軽減税率制度

外食産業が次々と〝中食〟に参入
コンビニとの中食戦争が激化する

2019年10月1日、消費税10%への引き上げとともに「軽減税率制度」がスタートしました。

外食の消費税が10%に上がった一方、中食は8%の据え置きです。一見すると、コンビニが有利な状況となっていますが、これはあくまでも短期的な見方です。中長期的に見れば、コンビニは劣勢に立たされると思われます。というのも、軽減税率によって苦戦を強いられる外食産業は、対策として「テイクアウト」や「宅配サービス」を導入すると予想できるからです。

今後、個人の外食店においてもテイクアウトやUber Eatsなどの宅配の導入が進み、〝外食産業による中食への参入が活発化〟していくでしょう。そうなると「手作り感」で劣るコンビニは厳しくなっていきます。

しかし、コンビニもただ指をくわえているわけではありません。

たとえば、すでにローソンは「まちかど厨房」という店内調理の弁当やサンドイッチの販売を開始しています。価格は従来の商品よりも割高ですが、その代わりに高品質な中食の提供を実現。導入店舗では、従来の弁当などの売上はほとんど変わらないまま、「まちかど厨房」の商品の売上がプラスになっているそうです（人手不足に対応する課題が多いようではありますが）。

11月現在、「まちかど厨房」は約5800店舗に導入されていて、すでに大手持ち帰り弁当チェーンの店舗数を上回っています。

中食に参入する外食産業と、中食の品質向上を進めるコンビニ。

軽減税率によって、いままで切り分けられていた両者が同じ戦場で相対することとなり、熾烈な中食戦争が始まろうとしているのです。

SECTION 03

キャッシュレス決済

政府が推進するキャッシュレス事業
人手不足のコンビニには大きな追い風

２０１９年10月の消費税引き上げに伴い、政府はキャッシュレス決済のポイント還元制度を開始しました。

かねてから日本では〝現金信奉〟が強く、経済産業省によれば、２０１６年の日本のキャッシュレス普及率は約20％。「キャッシュレス後進国」とも揶揄されるなか、政府は２０２５年までに普及率40％を目指すと発表しています。

コンビニ業界においても、キャッシュレス推進は歓迎すべき政策と言えます。深刻な人手不足に陥っている各店舗では、レジ会計における省力化が必須なのです。

私は月に1、２回の頻度で、現場の状況を勉強するため、都内のコンビニ店舗で働かせていただいています。そんな私の肌感では、キャッシュレス決済を利用するお客様は、10月を機に3割程度から5、6割に増えています。各社の全国平均の発表でも、セブン-イレブンで約42%、ファミリーマートで約26%、ローソンで約28%と確実に増加しています（2019年11月）。

私がレジ打ちした感覚では、支払い方法として最も多いのは、クレジットカードをはじめとした、もともとお客様が所有していたであろう電子マネーです。とくに交通機関系電子マネーの「Suica」で支払うお客様が増えているようです。一方、近頃話題になっている「スマホ決済」の利用者は、現状ではそれほど多くない印象を受けました。アプリ立ち上げの手間が継続利用の妨げになっているようです。

得てして人は、年を重ねるに連れて、変化を苦手に感じるものです。キャッシュレス化においても、高齢者は従来の現金払いのままといった感じです。しかし、駅の改札で「Suica」をはじめとしたICカード乗車券が一般化したように、変化を嫌う一方で、その利便性に気づけば順応していくのが人間です。キャッシュレス決済の利便性が広まれば、高齢者の利用も少しずつ増えていくと考えられます。

SECTION 04

食品ロス

令和元年は食品ロスの対策元年
一方、値引き合戦の弊害も懸念

２０１９年10月１日、「食品ロスの削減の推進に関する法律」が施行されました。食品を取り扱う小売業や外食産業において、食品の大量廃棄、いわゆる「食品ロス」は大きな社会問題となっています。

とくに近年は、コンビニの食品ロスが問題視されていて、各社は解決に向けて奔走しています。「令和元年は食品ロスの対策元年」と言っても過言ではないほど、大きな変化が起こり始めているのです。

問題の背景や具体的な対策については後述する第１章で解説していますが、そのなかでも焦点の1つとなるのが「賞味期限の迫った食品の値引き販売」です。これまで〝コンビニ会計〟という独特な商習慣により、本部は店舗の値引き販売に否定的な考えを示していました。しかし、食品ロスが社会問題となった現在、本部も値引き販売を推奨する方向で動き出しています。

しかし、値引き販売の解禁によって、本部が何よりも恐れているのは「価格競争が招くデフレ」です。売価はオーナーに決定権があり、本部は強要できません。とは言え、大多数のオーナーが自由に値引きしていくと「一律サービスのコンビニ」というチェーンイメージが崩れるばかりか、「薄利多売合戦となり、本部・オーナーともに儲からなくなる」という新たな問題が浮上してしまうのです。

いずれにしても、食品ロスは社会的に見れば、恥ずべき問題であり、解決に向けたあらゆる対策が進んでいくはずです。しかし、その一方で発生が予測される価格競争・薄利多売といった問題に対し、本部がどのように対策を講じるのか。各社の動向に注目したいところです。

SECTION 05

自然災害とコンビニ

「被災地を支える生活インフラ」から「オーナーも被災者」との考え方へ

２０１９年10月12日、日本に上陸した台風19号は、各地に甚大な被害をもたらしました。台風の影響が予想されるエリアでは、多くの企業が休業を発表。大手コンビニ３社（セブン-イレブン、ファミリーマート、ローソン）も計約８７００店舗が休業を余儀なくされました。これは全国のコンビニの約15％に相当し、過去最大規模の休業と見られています。

台風19号を機に、自然災害におけるコンビニの在り方が変わろうとしています。これまでコンビニは、東日本大震災に代表されるように、地域のお客様を支える生活インフラとして、どんなことがあっても営業をできるのならば、お店を開いておくという考え方でした。

しかし、今回の大規模な休業によって、「オーナーも被災者である」との考え方が強まっています。今後は、被災者であるコンビニオーナーを、全国網を持つ本部側がどうフォローするのか。そのための仕組みを構築すべきという論点となっていくはずです。

地震とは異なり、台風は事前の予測が可能な自然災害です。このため、鉄道各社が計画運休を実施するという判断が下されました。台風による計画運休は、2014年頃から西日本を中心に実施されています。しかし今回、首都圏をも巻き込む計画運休が実施されたことで、コンビニにも本格的な対応が迫られました。

計画運休が発表された場合、対象エリアの店舗の休業を検討し、同時に工場にはすでに製造した食品に対してどう対応するのかを指示する。こうした仕組みが生まれつつあります。気候の変動によって、今後も大型台風の増加が予想されるなか、コンビニも新たな課題に対応し、進化しようとしているのです。

第1章

コンビニは社会問題解決の最前線！

”「AI−IOT」導入で再評価される「人」と「接客」の価値“

年中無休・24時間営業・3000点以上の品揃え……コンビニのない世界なんて考えられない

令和という新たな時代に突入した2019年、コンビニエンスストア（コンビニ）はその歴史において初めての転換期を迎えました。

人手不足による、過酷な労働環境がクローズアップされました。業界第3位のローソンは「2020年の元日に実験的に店舗休業を行う（都内を中心に50〜100店舗）」と発表し、大きな反響を呼びました。

あるニュース番組では、インタビュアーが街頭の人々にマイクを向けます。

「コンビニが正月休業するという話が出ていますが、どう思いますか？」

彼らは、目を見開いて矢継ぎ早に答えました。

「困る」

「絶対にナシ！」

「どこで買い物すればいいの？」

もちろん、休業に対して肯定的な意見もありました。

しかし、ここで私が述べたいのは、正月休業の是非ではありません。

コンビニの正月休業や時短営業の話題が、メディアで繰り返し大きく報じられているという事実。365日24時間営業の小売業を、多くの人が当然のように受け止めているという現状。これが現在の日本という国なのだ、とお伝えしたいのです。


〝コンビニが日本から消えたなら〟

図①　コンビニ・チェーン別店舗数と占有率

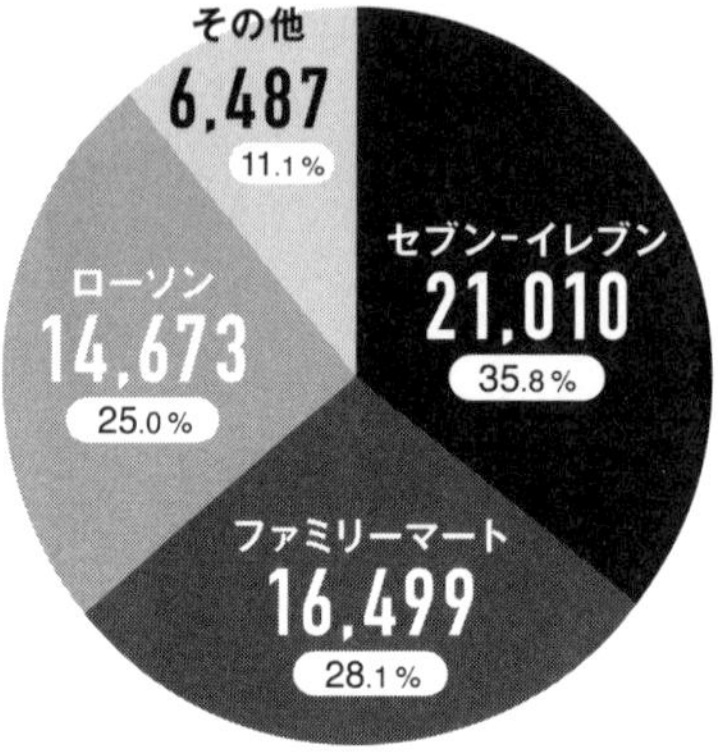

出典：月刊コンビニ11月号／2019年9月末データ

チェーン名	全国総計
セブン-イレブン	21,010
ファミリーマート	16,499
ローソン	14,673
ミニストップ	2,001
デイリーヤマザキ	1,459
セイコーマート	1,186
コミュニティ・ストア	510
NewDays	494
ポプラ	480
ローソン・スリーエフ	357
10チェーン合計	58,669

本書のタイトルでもあるこの命題には、逆説的な意味を込めました。

コンビニが日本から消えるわけがありません。全国5万8669店舗（月刊コンビニ／2019年9月末データ・図①）に、年間174億人以上が足を運び、約11兆円ものお金を落とす（JFA一般社団法人日本フランチャイズチェーン協会／2018年 CVS統計調査年間集計）。そんな日本最大の、いや、世界でも類を見ない形態の小売業が、消えるわけがないのです。

正月休業に賛成の人も、時短営業に賛

成の人も、コンビニそのものが消滅することには異を唱えるはずです。

なぜなら、コンビニは日本の成功の象徴だからです。

年中無休、24時間営業、約3000点の品揃え。そんな便利なお店の存在に慣れてしまったら、もう生活の一部となっていて切り放せないんです。一度、その魅力を知ってしまったら、コンビニが消えることなど許容できるわけがないんです。


ただし、冒頭でもお伝えした通り、いまコンビニは転換期を迎えています。

これまで、お客様の利便性を追求してきましたが、そこに社会的問題に応えるべき責任が加わりました。

日本の人口が減少の一途を辿るなか、何も変えないようでは現在の店舗数を維持するのは難しい。惜しまれつつも姿を消す店舗も出てくるかもしれません。

それでも、この国で直面する社会的問題に対し、試行錯誤しながら解決していってほしい。それが、コンビニに課せられた使命だと私は思っています。コンビニだからこそ、解決できる課題なのです。

もしも、日本が抱える数多《あまた》の困難と真摯に向き合い、コンビニが歩みを続けることができたなら……そのとき、この世界最高のリアル小売業は、必ずや新たなステージに到達していることでしょう。

コンビニは「日本社会の縮図」コンビニが変われば社会も変わる

コンビニは〝世界最高のリアル小売業〟です。

考えてもみてください。国内だけで5万8669店舗が置かれ、各社それぞれが確固たる店舗網を築いています。全国一律で同じ商品を欠品することなく納品し、同じ日から販売する流通システムを完備しているのです。

また、狭い売場面積にもかかわらず、約3000点もの商品が効率的に配置されています。しかも、これらの商品が毎週100品のペースで入れ替わるのです。

こんな小売業は、世界中を探しても日本のコンビニだけです。

「コンビニは日本社会の縮図である」

しばしば、コンビニはこのように表現されることがあります。

子ども、お年寄り、学生、ビジネスパーソン、主婦、カップル、有名人、無職、お金持ち、外国人……コンビニへ、ありとあらゆる人が訪れます。それゆえに、特定のターゲットは存在しません。言うなれば、お客様は日本で生活する人々の最大公約数であり〝擬人化された日本そのもの〟です。日本社会の縮図という表現は、言い得て妙だと思います。

そして、コンビニが日本社会の縮図ならば、その社会が抱える問題とも深く関わっているはずです。いったい、コンビニはそんな社会問題に対して、どのような対策を講じているのでしょうか？　最も身近な小売業であるコンビニの動向を調べれば、日本経済や日本社会を救うヒントが見つかるのではないでしょうか。
これが本書のメインテーマです。

コンビニと日本社会は相互作用の関係にあります。日本人の生活に密着しているからこそ、人々の行動をも変える可能性を秘めている。

つまり、コンビニが変われば日本社会も変わるはずなのです。

小売業の半世紀を振り返る

さて、本題に入る前に、まずはコンビニが成長していった時代の小売業を簡単に振り返りつつ、消費の流れについて把握しておきましょう。

「コンビニエンスストア」と呼ばれる小売店は1960年代から存在していますが、しばしば私は1974年を基準に「コンビニ史45年」などと称することがあります。45年前の1974年5月15日に、東京都江東区にセブン-イレブン1号店が誕生しました。今日の〝日本式コンビニ〟を確立したのがセブン-イレブンなので、それにならって1970年代から振り返ることにします。

1970年代、高度経済成長期のなかで人気を博したのが、三越や伊勢丹、高島屋などの「百貨店」で、贅沢かつ憧れの的のような買い物が流行りました。当時は家電量販店もなかったので、家電も百貨店で購入する人が多く見られました。

しかし1980年代、百貨店の高価格路線に対抗する格好で頭角を現したのが、ダイエー、イトーヨーカドー、ジャスコ（現イオン）など大衆向けの「GMS（General Merchandise Store／総合スーパー）」です。スーパーマーケットが食品や日用品を販売していたのに対し、GMSは衣料品や家具、家電なども扱い、豊富な品揃えが特徴です。好景気で〝もの〟が溢れ、庶民が何でも買えるようになった時代です。

取引の力関係が、メーカー主導から小売主導へと変わったのもこの頃（それ以前から布石は打たれていましたが）です。飛ぶ鳥を落とす勢いだったダイエー創始者、流通王の中内㓛さんが、ナショナル（現パナソニック）と安売りを巡る販売手法で決裂し、テレビを卸してもらえなくなってしまいました。しかし彼は「それならば自分たちでつくろう」と、協力工場とプライベートブランドを立ち上げ、家電の製造をスタート。自社ブランドを引っ提げたダイエーの快進撃が光りました。

そして1990年代に入ると、いよいよコンビニの時代が到来します。

コンビニの成長の兆しは1980年代後半から始まりました。テレビやラジオの深夜放送が若者に流行すると、深夜営業のコンビニは「新深夜族」と呼ばれる夜型生活の若者に受け入れられました。また、1989年には栄養ドリンクの「リゲイン」（三共／現第一三共ヘルスケア）がヒット。キャッチコピーの「24時間戦えますか。」が流行語にノミネートされるなど、まさに時代に後押しされる形でコンビニも店舗数を伸ばしていったのです。

また、コンビニは1990年代半ばからコンサートチケットの取り扱いやゲーム機、ソフトの販売のほか、商品の宅配、マルチメディア端末の導入、銀行ATMの設置など、次々と生活に密着したサービスを本格的に開始。1980年代後半、ともに3000台だったセブン-イレブンとローソンの店舗数は、1999年度にはセブン-イレブンが8153、ローソンが7378と倍以上に成長。現在のコンビニ像ができあがっていく時代でもありました。

なお、消費が冷え込んだ1990年代後半から2000年代にかけては、ユニクロやニトリ、ダイソーなどの「カテゴリーキラー」が売上を伸ばしました。特定の商品を低価格で売り続けるなか、日本はデフレへと向かいます。安売りを武器とするドラッグストアの人気が高まったのも、そんなデフレ下でのことでした。そして、2010年代からはネット通販で商品を購買する時代に入り、現在に至るわけです。

すでに日本の労働力は総人口の半分に

デフレに突入して久しい日本ですが、経済も依然として停滞しています。

金融・保険業を除く日本企業の売上高は、1980年代に右肩上がりで伸び続け、バブル崩壊年の1991年度で1474兆円。その後、増減を繰り返しながらも横ばいが続き、2018年度は1535兆円でした（財務省／平成30年度年次別法人企業統計調査）。

1981年からの11年間で、約600兆円もの売上高を伸ばしたのに対し、その後の27年間はまったくと言っていいほど成長していません。

日本経済が停滞している最大の理由は、生産年齢人口（15～64歳）の減少だと私は推測しています。

日本の生産年齢人口は、1995年の8726万人をピークに下降を始め、2018年には7545万人にまで減少しています（総務省統計局／人口推計の結果）。生産年齢人口が減るということは、ようするにお金を稼ぐべき労働力が減っているということです。労働力が約13・5％減った点を考慮すれば、この停滞は「健闘している」とも言えるかもしれません。

現在の日本の総人口に占める生産年齢人口の割合は約60％で、2040年には54％程度に落ち込むと予測されています。ただし、現代の高校進学率は約97％と言われ、15～18歳を労働力と見なすのは、いささか無理があります。そこで、彼らを除いた19～64歳を〝真・生産年齢人口〟として計算し直すと、その数は6895万人

図② 真·生産年齢1996年と2018年の比較

	真・生産年齢人口（単位1000人）		
年齢	1996年	2018年	人口の差
19歳	1,755	1,188	567
20歳	1,851	1,201	-650
21歳	1,920	1,192	-728
22歳	2,012	1,183	-829
23歳	2,038	1,198	-840
24歳	1,992	1,188	-804
25歳	1,942	1,159	-783
26歳	1,884	1,171	-713
27歳	1,854	1,165	-689
28歳	1,817	1,183	-634
29歳	1,818	1,215	-603
30歳	1,421	1,260	-161
31歳	1,762	1,297	-465
32歳	1,649	1,325	-324
33歳	1,613	1,381	-232
34歳	1,564	1,428	-136
35歳	1,544	1,448	-96
36歳	1,561	1,449	-112
37歳	1,592	1,470	-122
38歳	1,553	1,537	-16
39歳	1,517	1,579	62
40歳	1,602	1,645	43
41歳	1,662	1,691	29
42歳	1,667	1,775	108
43歳	1,781	1,856	75
44歳	1,887	1,959	72
45歳	2,008	1,993	-15
46歳	2,166	1,955	-211
47歳	2,388	1,901	-487
48歳	2,368	1,843	-525
49歳	2,261	1,814	-447
50歳	1,419	1,773	354
51歳	1,525	1,771	246
52歳	1,865	1,380	-485
53歳	1,812	1,707	-105
54歳	1,868	1,597	-271
55歳	1,824	1,556	-268
56歳	1,666	1,505	-161
57歳	1,454	1,482	28
58歳	1,562	1,492	-70
59歳	1,610	1,520	-90
60歳	1,622	1,477	-145
61歳	1,556	1,434	-122
62歳	1,484	1,506	22
63歳	1,493	1,554	61
64歳	1,462	1,551	89
計	80,671	68,954	−11,717

出典：内閣府のデータを基に編集部作成

で、総人口比は54・5%。2040年の推計とほぼ同等で、さらに19〜22歳の大学生年代を除けば、6419万人で50・7%です。すでに、日本の労働力は総人口の半分程度に落ち込んでいるのです。

ちなみに、真・生産年齢人口のピークは1996年の8067万人でしたが、年齢別に現在の真・生産年齢人口と比較すると、興味深い事実が分かりました。全体で見ると、当然ながら現人口の方が少ないのですが、39〜44歳、50〜51歳、57歳、62〜64歳に限っては、当時よりも現在の方が人口が多いのです（図②）。

打破すべき問題が山積みの日本社会において、企業を引っ張る立場の世代が多いというのは頼もしく、明るい材料と言えそうです。

コンビニが利益を確保する3つの方法

一方、コンビニ業界に目を向けてみると、売上高は一貫して伸び続けており、2008年からの11年間で、7・86兆円から10・96兆円に増加しています（図③）。

ところが、1店舗あたりの売上高（日販）は11年間でほぼ横ばいです。2012年の55・40万円をピークに減少傾向が見られ、2018年は54・31万円にとどまっているのです（図③）。

なぜ、業界全体の売上高が伸びているのに、1店舗あたりの日販は停滞しているのでしょうか。

その答えは「店舗数の増加」です。経済産業省「商業動態統計調査」によれば、コンビニの店舗数は2008年に4万889店舗でしたが、2018年には5万5310店舗にまで増えています。店舗が増えるということは、その分、競合店が増えていることを意味しており、これが来店客数の減少を招いているのです（図③）。

しかも、日本の人口は2008年（1億2808万人）をピークに減少を続けています。人が減り続けるなかで店舗を増やしていったのですから（ほかの小売業の衰退という逆の影響もありますが）、日販の停滞は当然の結果とも言えるでしょう。

図③　コンビニの店舗数、売上高、来店客数と平均単価、日販

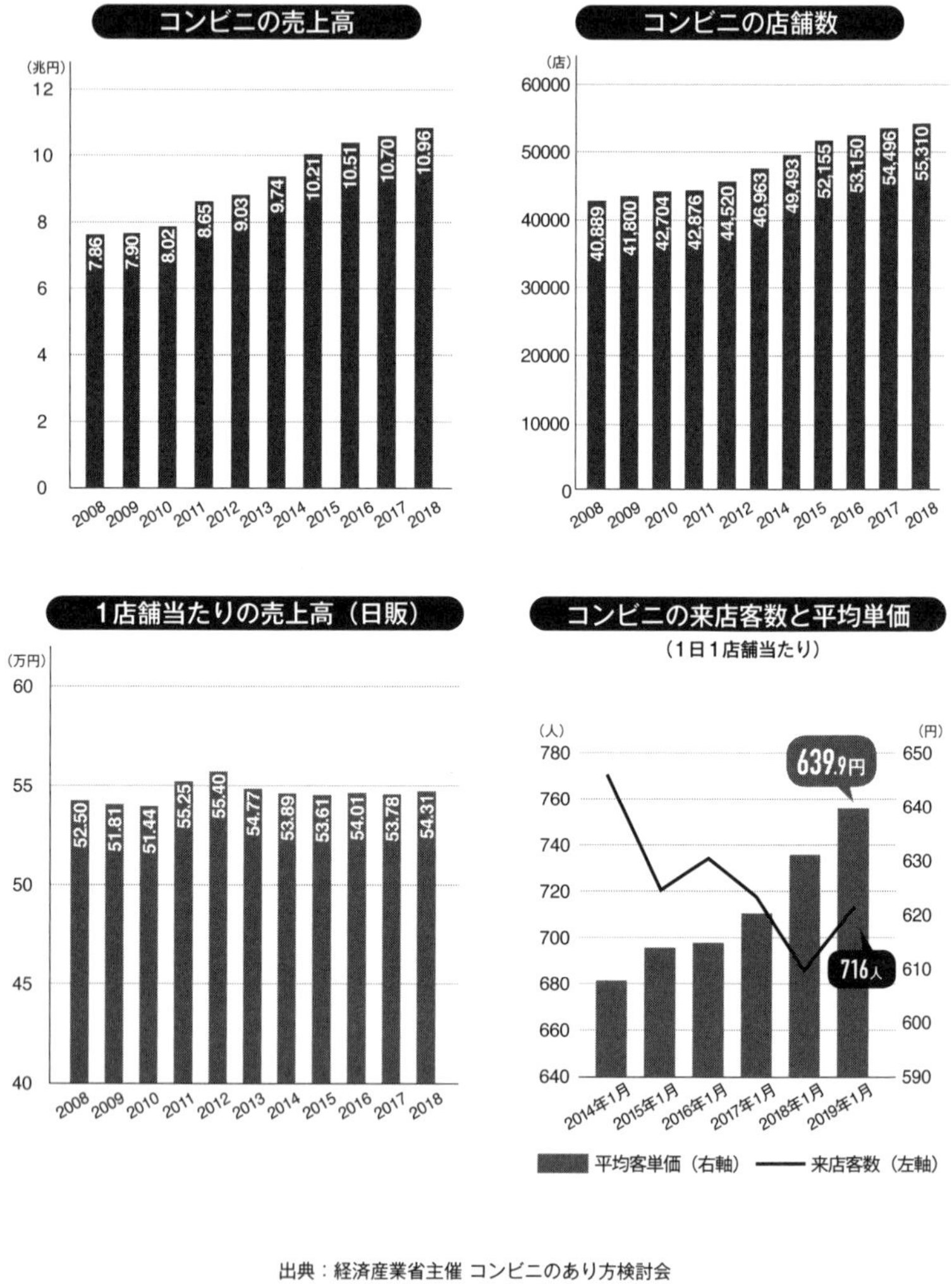

出典：経済産業省主催 コンビニのあり方検討会

頭打ちのようにも見える状況下ですが、この先もコンビニが利益を確保するためには、何をすればいいのでしょうか。私は次の3つを提案します。

①人の作業を減らす

メディアでも「時短営業」について幾度となく報じられている通り、現在のコンビニは圧倒的に人手が足りていません。人手不足を解消するためには、とにかく人の作業を減らす必要があります。最も有効な方法は〝セルフレジ〟の導入です。

『東スポ』（東京スポーツ新聞社）の調査によれば、2〜3品の商品をレジに持ち込んでから、現金払いで会計を終えるまでにかかる時間は36・4秒とのことです。仮に1000人のお客様が同様の会計をすると、合計時間は10時間を超えます。

しかし、セルフレジを導入し、半分のお客様がセルフレジを利用したとしたら、店員の負担は半分の5時間に減るのです。

②接客の価値を高める

セルフレジの導入と相反するように思えますが、これは大きな間違いです。コンビニに来るお客様は「淡々と会計してくれる事務的な接客を求めるタイプ」と「密なコミュニケーションを求めるタイプ」の2通りなのです。

前者のお客様は、セルフレジを導入すればそちらに流れる可能性が高い。しかし、後者のお客様は、高い確率で有人レジに並びます。とくに、超高齢社会を迎えたことで、そうした接客を望む高齢者が増えていくはずです。そこで、セルフレジの導入によって生まれた時間的余裕を、より丁寧な接客を行う時間に充てるのです。

③新たな市場を攻める

店舗を構えれば、多くのお客様が訪れて儲かる。そんな時代はもう終わりました。受動的な姿勢では、競合店に淘汰されていく一方です。これからは待ちのコンビニではなく、自らお客様の方へと出向いていく攻めのコンビニの時代です。

そこで現在、コンビニ業界で注目を集めているのが〝マイクロマーケット（狭小商圏）〟です。なかでも、都心のオフィスビルや学校、物流センター、大規模工場などの関係者以外立ち入り禁止の閉鎖商圏における需要が見込まれています。こうした場所に「自販機コンビニ」や「無人コンビニ」を設置することにより、少ない人件費で一定の利益を得ることができるのです。

実は、この3つを実践する上で欠かせない要素があります。それは〝AI（人工知能）〟と〝IoT（モノのインターネット）〟の導入です。

近年、あらゆる業界でAIやIoTを用いた効率化が進められていますが、コンビニ業界も例外ではありません。

いったい、コンビニ業界ではどのようにAIとIoTが用いられているのか。具体的な導入事例を紹介していきましょう。

会計時間はわずか20秒！　ストレスフリーの「セルフレジ」

IoTの活用で注目を集めているのは、何と言ってもセルフレジです。

セルフレジでは、各商品をバーコードリーダで読み取り、電子マネーやクレジットカードなどのキャッシュレスで会計するのが一般的です。
さきほど「有人レジの現金払いは36・4秒」という話をしましたが、なんとセルフレジでキャッシュレスならば20秒前後で会計を済ませることも可能です。回転率も上がるため、より積極的な集客案を講じるチャンスも広がります。

大手3社のなかでは、2010年からいち早く導入しているローソンが何歩も先を進んでいます。2019年2月には、新型POSレジの全店導入を完了。自動釣銭機を搭載しているこの新型POSレジは、従来の有人レジとして運用できるほか、「セルフモード」に切り替えることでセルフレジとしても利用できます。
また自分のスマートフォンでバーコードを読み取り、レジを通らずに決済できる「ローソンスマホレジ」の導入も進められています。

一方、ファミリーマートは2019年度中に5000台のセルフレジ導入を目指しているとのこと。セブン-イレブンは、まずはレジ作業の負担軽減を目的とし、

2020年春までに「自動釣銭機」の全店配置を予定。その後、セルフレジと会計のみ客が行う「セミセルフレジ」の導入を計画しています。

AIセンサーでウォークスルー！ 自動会計の「レジなしコンビニ」

AIとIoTを駆使すれば、「レジなしコンビニ」が実現できます。

レジなしコンビニの草分け的存在は、Amazonが運営する「Amazon go」です。2016年にAmazon本社内に設置され、2018年にはアメリカのシアトルに1号店をオープン。現在、アメリカで21店舗が展開されています。

店舗内の従業員は商品補充や清掃などをするのみで、接客はしません。

私も実際に体験しましたが、なかなか新鮮でした。入店時に専用のスマホアプリでバーコードをかざせば、あとは自由に店内の商品を物色。そして、購入する商品を決めたら、そのまま手に持って外に出るだけです。

店内にはAIセンサーが設置されていて、どの角度からでも人と商品を認識できるようになっています。そのため、会計は退店時に自動で行われ、Amazonアカウントに紐付いたクレジットカードで決済されます。

日本では、エキナカコンビニを展開するNewDaysが、2019年7月30日からJR武蔵境駅で「無人コンビニ」を営業しています。

同店は、amazon goのようなAIセンサーではなく、セルフレジが置かれた省人化コンビニです。慣れていない利用者のために、しばらくの期間は店員を2人常駐させるそうですが、将来的には店員1人のワンオペか無人化で運営することも期待できます。同店の規模は、従来ならば通常2人で回しているお店です。ワンオペ体制が実現すれば、2倍以上の生産性が期待できるのです。

ほかにも、2018年9月に路面店として国内初の無人コンビニ「ロボットマート」が東京都の日本橋にオープン。同店は、ロボットの販売などを行う株式会社ロボットセキュリティポリスが運営していて、店内には接客ロボットとセルフレジを配備しています。

一方、大手3社では、ローソンが実験的に0時から5時まで無人営業を行う店舗を運営し、ファミリーマートでも足立区の店舗で0時から6時まで無人営業の実験店舗をオープン。セブン-イレブンも顔認証などの実証実験を進める予定で、各社とも無人化の本格運営に向けて準備を進めています。

膨大なデータから需要予測を行う「AI発注」

過剰発注は無駄な廃棄物を出してしまうため、コスト面においても環境面においても避けるべき課題です。

困ったことに、多くのオーナーは「自分には発注センスがある」、いわゆる「KKD（勘・経験・度胸）が大事」と思い込んでいます。しかし、発注に関わるすべての情報を記憶するのは難しいものです。たとえば、何時に雨が降り、そのときの気温と降水量はどうだったか、そしてそれによる来店客数との関係など1人の人間が多種多様な時代を遡るデータを頭に叩き込むのは不可能です。近隣で何かイベントが開催されると、平常時よりも来店客数は伸びます。大きなイベントならば忘れないでしょうが、近隣の小学校の運動会の日付をうっかり忘れ、来店ラッシュで品切れの危機……といったケースも起こり得ます。

そこで、より多くのデータを蓄積したＡＩを用いた発注システムに期待が寄せられています。

ローソンでは、弁当やおにぎり、調理パンなどの商品を発注する際に「セミオート発注システム」を導入しています。各店舗の売上動向や客層、近隣のイベント、さらには天候に至るまで、さまざまな情報を分析し、最適な品揃えと商品別の発注数を導き出してくれます。そして、最後に端末からの提案を担当者がチェックし、発注精度を高めているのです。

ただし、まだまだ発注精度が低く、負担が減ったとは言いがたい状態です。現場のオーナーからは「導入したはいいけど、発注量が多すぎる」との声もあり、もしかしたら本部の意向で多めに発注するデータが組み込まれているのかもしれません。まぁ、あくまでも一部オーナーの声ですけどね。

いずれにしても、いまはまだＡＩ発注による進化を模索している段階のようです。

実用まで時間を要する技術もありますが、ＡＩとＩｏＴの導入が進めば、その分だけ人は別の作業に時間を割けるようになります。

それが結果として、日本が抱えるさまざまな問題を解決することにつながっていくのです。それでは、ここからは日本が抱えている問題を挙げながら、コンビニ業界の取り組みを見ていくことにしましょう。

SECTION 01

コンビニから見た「超高齢社会」シニア層に向けたお店づくり

来客店の3人に1人が50歳以上！いまやコンビニはシニア層が主力客

1970年、日本は「高齢化社会」に突入しました。その後も高齢化率は上昇を続け、1994年に「高齢社会」、そして2007年からはついに「超高齢社会」を迎えています。

高齢者とは65歳以上の人を指します。総人口に占める高齢者の割合（高齢化率）によって高齢化の進行具合を示す呼び方が変わり、高齢化率が7％を超えると高齢化社会、14％を超えると高齢社会、21％を超えると超高齢社会と呼ばれます。

内閣府が発表した「令和元年版高齢社会白書」によれば、2018年10月1日現在、日本の総人口は１億２６４４万人。そのうち高齢者は３５５８万人で、高齢化率は28・１％です。今後も高齢化率は増加傾向が続き、２０３６年には33・３％、つまり３人に１人が高齢者になると予測されています。

社会の縮図たるコンビニにも、当然ながら高齢化の波が押し寄せています。

左の数字は、セブン‐イレブンが公表している来店客の年齢分布です（図④）。

	１９８９年	２００４年	２０１７年
20歳未満	27％	13％	４％
20～29歳	35％	29％	16％
30～39歳	18％	22％	19％
40～49歳	11％	14％	24％
50歳以上	９％	22％	37％

図④　高齢化する日本の人口分布とセブン-イレブンの来店客分布

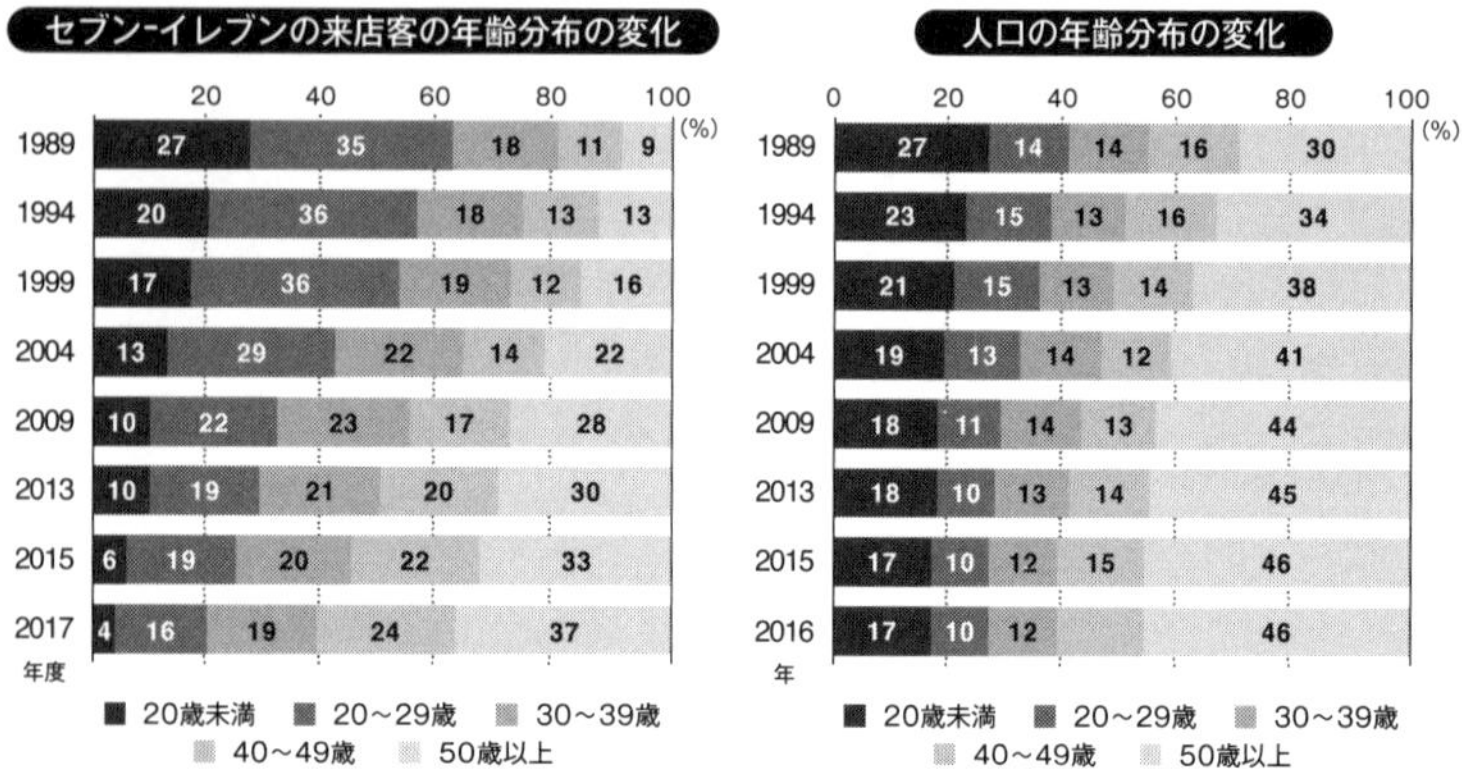

出展：株式会社セブン＆アイ HLDGS.
「コーポレートアウトライン」より作成

出展：厚生労働省「人口動態調査」より作成

最も高い年齢層が50歳以上という括《くく》りのため、高齢者より若い層も含まれていますが、年齢分布の変化は歴然です。

１９８９年は、20歳未満と20～29歳だけで6割を占めていて、50歳以上は1割未満でした。しかし２００４年になると、50歳以上の来店客が2割を超えるようになり、２０１７年に至っては4割に届こうかという勢いです。つまり、この30年の間に、コンビニの主力客が若者から高齢者へと一変したのです。

ただし、高齢者の来店が増えた理由は、単純に高齢化率が高くなったからだけではありません。国土交通省「健康・医療・福祉のまちづくりの推進ガイドライン」によると、高齢者が休憩をしないで歩ける歩行継続距離は約５００〜７００メートルだそうです。

生活圏が狭まったとき、スーパーとコンビニのどちらが生活圏内で利用しやすいかというと、当然店舗数で上回るコンビニなのです（※コンビニは全国５万８６６９店舗、スーパーは全国約２万２２１７店舗）。

また、コンビニは単身者の利用が多いため、取り扱っている食品も単身者を意識した小分け包装を多く用意しています。これが、高齢者の需要を満たしたという点も大きいのです。「令和元年版高齢社会白書」によると、65歳以上の人がいる世帯は２３７８万７０００世帯。このうち、夫婦のみの世帯が32・5％と最も高く、次いで単独世帯が26・4％です。老夫婦や単身高齢者にとって、少人数用の商品が並ぶコンビニは〝ちょうどいい〟のです。

コンビニを高齢者の集会場にする

当然ながら、主力客となった高齢者を無視することはできません。

詳しくは後述しますが「宅配サービス」や「過疎地域への進出」など、すでに高齢者を意識した取り組みを開始しています。

買いやすい環境を用意することは、経済を活性化する1つの方法です。いまの高齢者が受け取る年金額は、新入社員の給与よりも高いというケースも少なくありません。それならば、高齢者でも購入しやすい環境を整え、消費を促すようなリズムを構築していくべきなのです。

コンビニの品揃えに関しても、今後は高齢者が好むものが増えていくでしょう。その上で注意すべきは、ポスト高齢者の50代です。実はいまの60代と50代の間には大きな隔たりがあります。いまの60代は、コンビニの品揃えに対して素直に感心してくれる人が多いのです。

しかし、いまの50代は違います。小売業の歴史でも説明しましたが、コンビニは1980年代後半から若者とともに成長してきました。このときの若者が今の50代なのです。長年、コンビニに親しんできた彼らはコンビニを見る目が肥えています。知恵を絞っていかないと、満足してもらえない。これは大きな課題です。

一方、品揃え以外で重視すべきは接客です。しかも、これまでコンビニが苦手としてきた〝コミュニケーションを交えた接客〟です。

今後、セルフレジの導入が進めば、多くのお客様はそちらに流れていくでしょう。しかし、最後まで有人レジに並ぶのは高齢者です。若者に比べてキャッシュレスに移行しづらいという理由もありますが、それ以上に彼らは会話を求めているのです。

単身高齢者が日常的に人と交流できる場所として、コンビニは最適なのです。老人会などの集まりが毎日あるわけではないし、仮にあったとしても、入っていけない孤独な高齢者も増えていくはずです。だからこそ、気軽に人と触れ合える場所をコンビニが提供するのです。高齢者の集会場の役目を果たすのです。そうなると、イートインコーナーはコンビニの標準設備になるかもしれません。

集会場の提供は、高齢者のみのメリットではありません。これは、主力客を獲得するための集客戦術です。接客で多くの高齢者を呼び込むことができれば、販売拡大につながるのです。

導入が進んでいる宅配サービスは単身高齢者の「見守り」にもなる

生活圏にコンビニはあるが、体調が悪い日は歩くのが厳しい……。そんな場合に便利なのが宅配サービスです。

セブン-イレブンの「セブンミール」は、店内商品のほかに日替わり弁当やミールキット、生鮮食品などのオリジナル商品を取り扱っています。

しかし、以前は各店舗の店員が配達を担当していたため、通常業務との両立が難しく、配達頻度も1日数回程度でした。そこで2017年からセイノーホールディングスと提携。一部エリアで各店舗にセイノーの子会社GENieから専門配達員が派遣され、宅配事業の拡充を図っています。

ローソンは人手不足のなか、店員が配達を兼務するのは現実的ではないため、新たに2019年8月からは、都内の一部店舗でフードデリバリーサービス「Uber Eats」による商品配達サービスを実験的に開始しています。

宅配サービスは忙しい主婦や会社員などにも便利ですが、高齢者を対象とした場合には〝見守り〟という別の役目も果たします。

単身高齢者が増えるなか、孤独死を防ぐ動きは各所で行われています。宅配と見守りを合わせたサービスもそのひとつ。ヤマトホールディングスや生協のパルシステムなど、すでに宅配に関わる業者の多くが実施しています。

前述の「セブンミール」の配達員は「ハーティスト」と呼ばれています。ハーティストは20代～40代の女性スタッフが中心で、単身高齢者に対して見守り型の買い物代行サービスも行っています。

過疎地域の買い物弱者を救え！ 移動販売と自販機コンビニ

日本の高齢化が進んだ要因は「死亡率の低下による高齢者人口の増加」と「少子化の進行による若年人口の減少」です。このため「少子高齢化」と一括りで呼ばれることもありますが、この少子高齢化と都市部への人口流入によって引き起こされる問題が「地方の過疎化」です。

総務省「過疎対策の現状と課題」によれば、2017年4月1日時点で過疎地域は817市町村。全国には1718の市町村があり、実に47・6％が過疎地域なのです。

流通機能や交通網の弱体化によって、日常の買い物が困難な人々を「買い物弱者」と呼びます（農林水産省の定義によると「自宅からスーパーなど生鮮食料品販売店舗までの直線距離が500メートル以上離れ、自動車を持っていない人」ということになります）。高齢化が進むにつれて、買い物弱者が過疎地域で増加しています。経済産業省の推計では、買い物弱者の高齢者は700万人程度とのことで、全高齢者に占める割合は約20％です。

過疎地域の買い物弱者対策は、宅配サービスや移動販売が挙げられ、コンビニ各社も専用トラックによる移動販売を実施しています。取り扱い商品は軽トラックで150～300点程度。実店舗と比べれば決して多くはありません。しかし、店舗を訪れることができない高齢者にとっては貴重な購買環境です。

現在、大手3社の移動販売は、セブン‐イレブンが36都道府県（2019年11月22日時点）、ローソンが39都道府県（2019年11月25日時点）で実施していて、ファミリーマートの近年の実施状況は公表されていませんが、各社ともに今後もサービスを続けていく見通しです。あくまでも、移動販売はその地域から近い店舗の運用です。過疎地域における販売効率は決して順調とは言えず、現場のオーナーからは赤字を不安視する声も上がっています。

社会貢献という意味では非常に意味のある行為ですが、店舗に大きな負担を強いてはいけません。移動販売の赤字分は本部が補償するなど、店舗の負担を減らす仕組みを講じる必要がありそうです。

移動販売ではなく「自販機コンビニ」で対応する

移動販売の継続が難しいならば、代わりに自販機コンビニを導入するというアイデアもあります。自販機コンビニは、都市部のオフィスビルや工場などのマイクロマーケットを狙った取り組みですが、過疎地域にも応用できるはずです。

過疎地域では食品だけでなく生活用品の需要も高いので、マイクロマーケットとは異なる品揃えにします。都市部では近隣のコンビニから担当者が出向き、1日2回程度の補充をしますが、過疎地域ならば補充ペースは2日に1回でも大丈夫かもしれません。

それでも現場に負担が掛かるというならば、いっそのこと過疎地域の人を配送担当者として雇ってもいいんです。もちろん、近年は高齢者ドライバーによる事故も問題となっていますから、現地雇用には慎重な判断が求められますが。

過疎地域での自販機コンビニ設置は、海外だったら難しいかもしれませんが、日本ならば可能です。なぜなら、自動販売機は日本の治安の良さを表す象徴のひとつだからです。人通りの少ない場所に設置しても、破壊や盗難の心配は少なく、監視カメラを増やし電子マネー化すれば、現金強盗もなくなります。

そして、自販機コンビニと一緒にベンチを設置すれば、高齢者たちの新たな憩いの場になるかもしれません。移動販売の代替としての自販機コンビニ。コンビニ各社には、ぜひとも検討してもらいたいと思います。

SECTION

!02

コンビニから見た「健康・医療」市販薬の販売と健康志向がテーマ

市販薬を販売するコンビニが増えれば社会保障給付費の増加を防げる⁉

国立社会保障・人口問題研究所「社会保障費用統計」によれば、2017年度の社会保障給付費はILO(国際労働機関)基準で120兆2443億円。前年から1兆8353億円増加し、過去最高となりました。これは、国民1人につき94万9000円が使われた計算になります。給付の内訳と給付総額に占める割合は、医療が39兆4195億円(32・8%)、年金が54兆8349億円(45・6%)、福祉その他が25兆9898億円(21・6%)です。

社会保障は国民の生活を守る大事な制度です。しかし、高齢化に伴う給付費の増

図⑤　医薬品の規制緩和の流れ

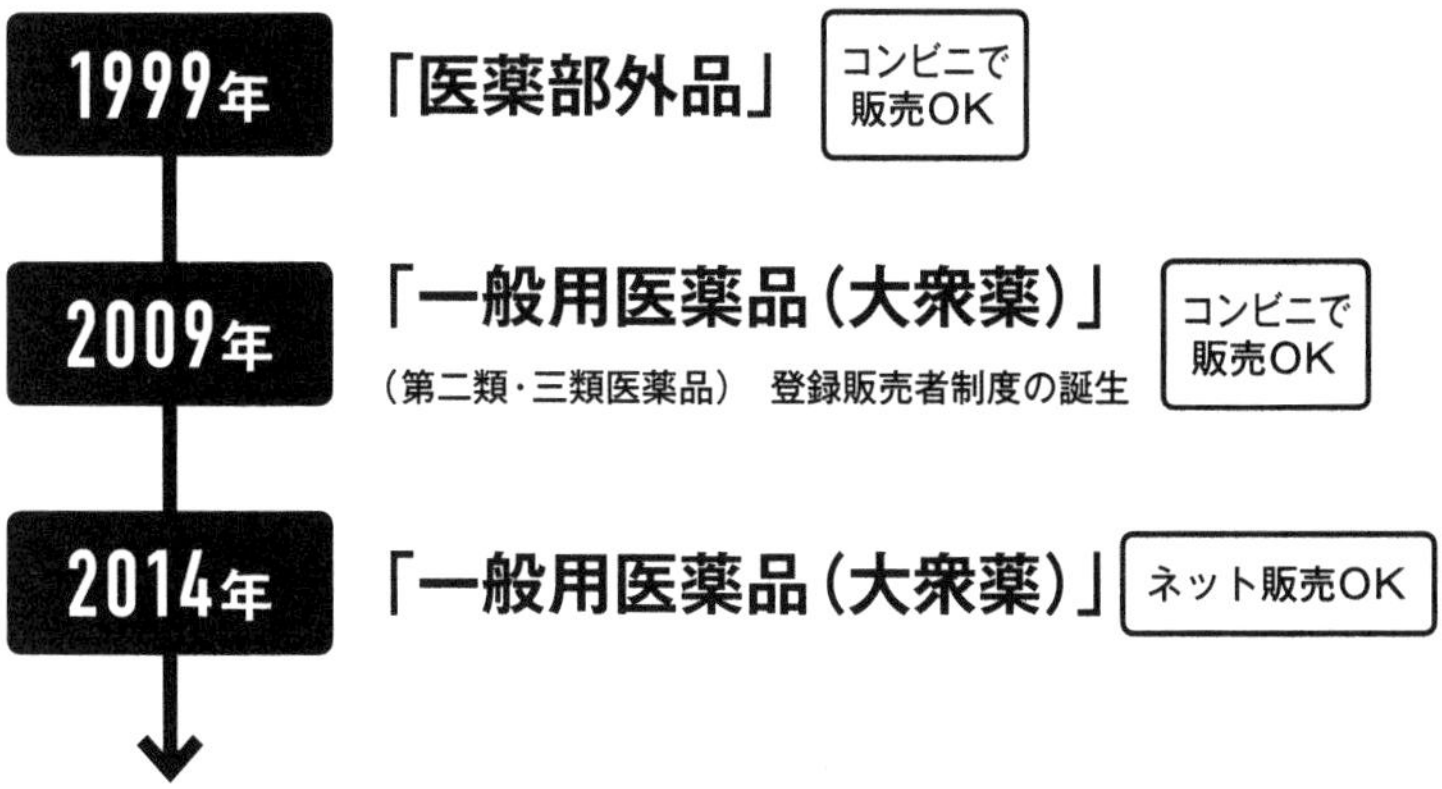

加が止まりません。政府の推計によれば、現状のペースが続くと２０４０年度には社会保障給付費が１９０兆円に達する見込みです。

コンビニからのアプローチで社会保障費の削減に寄与するならば、大衆薬（一般用医薬品。「市販薬」とも）の規制緩和による取扱いでしょう。医療機関で処方される薬は保険が適用されるため、患者の負担額は１〜３割で済みます。これに対し、市販薬は全額自己負担です。「軽い症状だから、わざわざ病院に出向く必要はない。近所のコンビニで大衆薬を買えば十分だ」

そんな風潮を、コンビニが市販薬を販売することで生み出していくのです。

2009年、規制緩和によってコンビニでも〝条件付き〟で大衆薬の「第二類医薬品」と「第三類医薬品」が販売できるようになりました（図⑤）。第二類医薬品は風邪薬や胃腸薬などで、第三類医薬品はリスクの低いビタミン剤などが含まれます。

しかし、販売するにあたっての条件が厳しすぎます。

・販売店舗は、医薬販売専門の資格「登録販売者」を置かなくてはいけない。
・登録販売者は販売店舗の営業時間の半分以上、滞在しないといけない。
・登録販売者の資格を取得するためには、筆記試験に合格しなくてはいけない。
・資格取得後も、2年間の実務経験がないと1人で薬を販売してはいけない。

24時間営業のコンビニならば、最低でも3～4人の登録販売者が必要です。人材不足のコンビニにとっては非常に高いハードルと言えます。事実、規制緩和から10年が経過した現在も、ほとんどのコンビニでは大衆薬を販売できていないのです。

しかし、2014年には大衆薬のインターネット通販が解禁されるなど、医薬品の販売規制緩和が進んでいます。近い将来、実店舗での規制も緩和され、コンビニでも大衆薬をもっと手軽に販売できるようになるはずです。

健康に比重を置いた新たな店舗スタイルへ

なお、自社で人材を用意するのが難しければ、他業種と協力する方法もあります。宅配サービスで配送業者と提携したように、ドラッグストアと提携すれば、登録販売者を確保できるばかりか、大衆薬販売のノウハウも得られます。

ローソンは、2015年にドラッグストア大手のツルハドラッグと提携しました。これにより、大衆薬や日用品を強化したタイプの店舗「ヘルスケアローソン」が誕生。2年後の2018年には大衆薬の取扱店舗が180店を超え、現在も順次拡大中とのことです。ほかにも、介護施設と提携する「ケアローソン」も展開していて、こちらは店内に介護相談窓口を置いた〝ケア（介護）拠点併設型店舗〟となっています。

一方、ファミリーマートは自社単独でフィットネス事業に参入しています。２０１８年２月14日、東京都大田区にオープンした「Ｆｉｔ＆ＧＯ」は、１階に従来店舗、２階にフィットネスジムという構造です。24時間営業のフィットネスクラブは、生活スタイルを問わずに通えることから需要が高まっています。コンビニとの親和性が高く、同社の着眼点が光ります。

コンビニに増えた「健康志向の食品」パイオニア的存在はナチュラルローソン

高齢者の医療費や介護費で財政を圧迫しないためにも、長く健康で暮らせる期間を延ばす必要があります。

近年は「健康寿命」という言葉を耳にする機会も増えました。健康寿命は「日常生活に制限のない期間の平均」を指しますが、厚生労働省によれば、２０１６年時点の日本人の健康寿命は男性72・14年、女性74・79年です（厚生労働省／平成28年簡易生命表）。一方、平均寿命は男性80・98年、女性87・14年で、実に男性で約９年、女性で約12年の不健康期間があることになります。この期間を少しでも短くするため、日本人の健康増進が課題となっているのです。

こうした背景のなか、コンビニも日本人の健康を考える〝健康志向〟へとシフトしています。ローソンの健康特化型コンビニ「ナチュラルローソン」は、その最たる例でしょう。

２００１年、ナチュラルローソンは東京の自由が丘で誕生しました。もともとは女性層がメインターゲットで〝「美しく健康で快適な」ライフスタイルのサポート〟がコンセプトです。野菜を多く取り入れた低カロリー、低糖質の食品を取り揃えるなど、従来のコンビニとの差別化を図ったのです。

健康への取り組みが進むローソンで、2012年に登場した「ブランパン」は興味深い商品です。小麦粉の代わりに穀物の外皮や大豆の粉などを使用し、低糖質を実現したのですが、実は、当初はそれほど売れていませんでした。しかし、購買データを分析したところ、リピート率が非常に高かった。本来ならば、売れないと判断されたら販売終了です。しかし、リピーターが多いために残したところ、いつしか口コミで広まっていき、ヒット商品になったのです。この結果、いまやブランパンシリーズは定番商品の1つとなりました。

また、現在は大麦（もち麦）を使ったおにぎりも人気です。大麦は食物繊維が豊富で、生活習慣病の予防が期待される食材です。こちらも、もともと健康意識の高い女性をターゲットとした商品で、2012年にナチュラルローソンが先駆けて販売しています。しかし、2017年からはセブン-イレブンも取り扱うようになりました。ファミリーマートは、一般大麦に比べて2倍の総食物繊維量を含むスーパー大麦バーリーマックスのおにぎりを、帝人とパートナーを組み、販売しています。コンビニのおにぎりは年間約60億個が食べられています。このうち、私の推計ではありますが、大麦おにぎりだけで2018年は1億5000個、2019年は3億個前後が消費されたのではないでしょうか。

これは、昔だったら考えられないことです。終戦後、当時の大蔵大臣だった池田勇人（元総理）が「所得の少ない方は麦、所得の多い方は米を食うというような経済の原則に則った方へ持っていきたい」と発言し、「貧乏人は麦飯を食え」と誤解されて物議を醸しました。ところが、いまや富裕層が健康に気を遣って麦飯を食べる時代です。

「食事はコンビニばかり」と聞くと、不健康な食生活という印象を受ける人も多いかもしれません。しかし、時代の変化とともに、コンビニの食も変わりつつあります。近い将来、「健康に気を遣って、コンビニ食品を買う」という光景が当たり前になるのかもしれないのです。

リモート会議システムを利用すればコンビニで医師の診察が受けられる⁉

みなさんは「コンビニ受診」という言葉をご存じでしょうか。軽症患者が「平日は仕事があるから休みたくない」などの身勝手な理由で、夜間や休日に救急病院を訪れる行為です。緊急性の高い患者の治療が妨げられる恐れがあり、医療機関で問題視されています。

コンビニに向かうような気軽な感覚で救急外来を利用することから、コンビニ受診と呼ばれています。ネガティブな言葉に用いられるのは複雑ですが、「気軽に訪れる」の代名詞になるほど、コンビニの利便性が周知されているわけです。

ただし、将来的にはこの迷惑行為がコンビニ受診とは呼ばれなくなるかもしれません。なぜなら、本当にコンビニで受診が行われる可能性があるからです。

2018年10月、幕張メッセで開かれたIT技術の国際展示会「CEATEC

JAPAN 2018」において、ローソンはリモート会議システムを用いた医師診断サービスを紹介しています（P．21参照）。

医師が映るモニターの横にはバイタルセンサーが置かれ、血圧や脈拍を測定。診断を基に、遠隔操作で機器を操作して最適なサプリを提供することも可能だというから驚きです。導入できるかどうかは認可次第とのことですが、コンビニで医師の診断を受けるというのは画期的なアイデアです。

SECTION 03

コンビニから見た「働き方改革」見直されるフランチャイズ契約

「時短営業問題」が大きな転機に！本部とオーナーの関係に変化の兆候

2018年7月6日、「働き方改革を推進するための関係法律の整備に関する法律」、いわゆる「働き方改革」の関連法が公布され、2019年4月1日より順次施行されています。

働き方改革は「働き方改革の総合的かつ継続的な推進」「長時間労働の是正と多様で柔軟な働き方の実現等」「雇用形態にかかわらない公正な待遇の確保」の3つの柱を設け、労働者の環境改善と生産性の向上を図るのが目的です。

各業界が対応に追われるなか、コンビニ業界も大きな変化を迎えています。まずは、その前にコンビニの経営形態について簡単に説明しておきましょう。

国内のコンビニは大きく「直営店」と「フランチャイズ店」に分けられます。直営店は、いわゆるチェーン本部（フランチャイザー）が自ら経営する店舗です。一方、フランチャイズ店は親企業（チェーン本部／フランチャイザー）から営業販売権を与えられた加盟店（フランチャイジー）で、経営するのは個人事業主であるオーナーがほとんどです。直営店の利益はそのまま本部の利益となり、フランチャイズ店は契約に基づき、利益を本部と配分しています。

大手３社の直営店率は、セブン-イレブン１・９％（２０１８年11月末）、ファミリーマート１・６％（２０１９年）、ローソン２・１％（２０１９年２月末）で、実にコンビニ店舗の約98％はフランチャイズ店です。

２０１９年は、「24時間営業の是非」を皮切りに、コンビニの労働環境を巡る話題が噴出した年でした。とくにオーナーの過重労働が世間の関心を集めましたが、すべての解決の鍵は「本部とオーナーの関係」です。

本来ならば、本部とオーナーは対等に話し合える関係であるべきです。しかし、コンビニ業界に限った話ではありませんが、どうしても本部の力が強くなってしまいます。なぜなら、オーナーはフランチャイズ契約を継続したければ、本部と良好な関係を築かざるを得ない……すなわち本部の施策、考え方に反する意見があったとしても賛同せざるを得ないからです。

それだけ大手チェーンの〝看板＝ブランドイメージ〟は魅力的なのです。大手コンビニの看板力を示す例として、次のようなエピソードがあります。ある地域に大手コンビニが出店した際、諸事情によって自社のチェーン名を連想できないような別の名称で出店したことがありました。このときの日販は16万円でしたが、その2ヵ月後、看板を本来の大手チェーン名に変えた途端、日販が52万円になったのです。取り扱っている商品は、まったく同じでした。オープンから2ヵ月を経て固定客が付いたという理由もあるかと思いますが、それでも「大手コンビニ」の看板があるかないかで、日販に3倍以上の開きが出てきたわけです。

時給アップで膨らむフランチャイズ店の人件費

コンビニ1店舗あたりの日販が停滞して利益が減っているという話はP．47でも説明しました。その理由として「人口の減少と店舗数の増加（1店舗あたりの客数の減少）」を挙げましたが、実はこれ以外にも理由があります。それは、時給アップによる人件費の増加です。

そもそもフランチャイズ店の利益は、粗利益を本部と配分したあと、大きくは人件費と光熱費と廃棄を差し引いた残額で決まります（契約により、一部の経費を本部が負担することもあります）。近年は「人手不足でアルバイトの確保が困難」「政府の方針で最低賃金の値上げ」という2つの理由により、コンビニの時給が上がり続けています。経済産業省によれば、小売店舗のアルバイト時給は2014年1月の約930円から2018年9月には1040円を超えたそうです（経済産業省／新たなコンビニのあり方検討会）。

110円の増加がどれほどの影響を及ぼすのか、計算してみましょう。

1日2人体制でアルバイトを常時雇うとすると、

・5時から22時まで3740円（17時間で増加分110円×2名）

・25％増しの深夜手当時間帯1925円（7時間で増加分137・5円×2名）

計5665円の人件費アップとなり、1年に換算すると206万7725円。すなわち、この分だけオーナー収益が減ってしまうのです。

結果、オーナーが収益を維持するためには、過重労働を余儀なくされるようになります。しかし、オーナーの収益が人件費に圧迫されて減る一方で、本部はというと最高収益を毎年更新し続けていました。

こうした状況が続けば、当然ながらオーナーたちの心情に変化が訪れます。経済産業省が実施した「コンビニ調査2018」によると、「契約更新を希望するか」との質問に対し、2014年は「更新したい」が68％、「分からない」が10％でした。

ところが、2018年には「更新したい」が45％に減り、「分からない」が37％に大きく上昇したのです。

そして、オーナーたちの不満が噴出した2019年、時短営業を強行する店舗が登場。メディアにも取り上げられ、問題が顕在化したわけです。

世論の後押しも大きかったのでしょう。これまで、決して動かないと思われていた本部が、ついに重い腰を上げました。大手3社の時短営業に対する取り組みは次の通りです。

【セブン-イレブン】2019年10月21日に「深夜休業ガイドライン」を制定。約230店舗で時短営業を実験中。11月からは8店舗が時短営業（深夜休業）を開始。

【ファミリーマート】同10月21日時点で全国632店舗で時短営業を実験中。11月14日には24時間営業を前提とした今の契約の抜本的な見直しを発表。加盟店のオーナーが希望すれば時短営業を認める新たな契約を2020年3月から導入。深夜の時間帯を毎日休業もしくは日曜の深夜のみ休業のどちらかが選択可能。

【ローソン】同11月1日時点で118店舗がすでに時短営業中。2020年元日に約100店舗で休業実験を行う予定。

今回の時短営業問題をきっかけに、これについて本部とオーナーが話し合う機会が増えました。これは、コンビニ業界においては革命的な出来事と言っても過言ではないのです。

収益モデルの開示とフランチャイズ契約の多様化

本部の問題点は、これまでオーナーの平均収益などを開示してこなかったことです。平均日販は公表されていますが、収益、日販ともに都市と郊外ではどれほど差があるのかも分かりません。今後、本部は「オーナーがどれだけ儲かるのか」という具体的な収益モデルを開示するべきです。そして、立地、エリアや規模に応じた売上と経費から算出した「適切な収益」をオーナーたちに周知する必要があります。

一般に開示すれば、それがオーナー希望者たちの判断材料になります。これまで、そこが曖昧だったので、フランチャイズシステムの永続的運営の視点から見た経営において、オーナー側が納得できない場合が多かったのです。ドミナントや競合店出店のリスクも今まで以上にしっかりと伝えていかなくてはいけません。

契約更新を迷うオーナーが増えるなか、本部は目先の収益を求めるのではなく、長期的な視野に立って、どれほどの適正な利益を本部で確保するのかという考え方にシフトするべきです。これはコンビニだけでなく、国内業務に対する利益が大半を占めるすべての企業にも同じことが言えます。斜陽のなか、利益を前年比超を前提として考えるのはナンセンスです。

2019年11月、業界4位のミニストップは、加盟店とのフランチャイズ契約を見直し、これまでオーナー負担だった人件費や光熱費などの経費を、本部側が一部負担する方針を発表。2021年3月に全面本部負担への切り替えを予定しているそうです。

大手3社の追従も期待されますが、ひとつ大きな問題があります。それは、コンビニが初期投資の大きいビジネスだということです。

あるチェーンの初期投資の本部負担は、1店舗あたりに貸与している什器・POSで約1300万円。店舗の建築費・内装で約2000万円です。

地方で土地の造成が必要な場合は、ケースバイケースですが5000万円以上の費用がかかることもあります。それに対して、一部の契約形態を除きオーナー負担は出資金という形の一部のみ。ほぼすべてを本部が負担していて、なおかつ家賃も本部が払っているのです。本部の利益配分が5～6割だからといって、こうした事情を知らずに「本部がオーナーの利益を吸い上げている」と批判するのは早計かもしれません。そこの配分を見誤るとフランチャイズオーナーになる参入障壁が上がってしまうからです。

ただ昨今、オーナーの収益がマイナスになっている場合が多いと推察されるなか、本部の最高収益が更新され続ける現状を考えると、今後はフランチャイズ契約の見直しをさらに進める必要があります。

時間外労働の上限規制や深夜労働の割増賃金改定など、働き方改革によって人件費はさらに増えていきます。そうなると、従来の利益の配分では、これまで以上に経営が難しくなっていくでしょう。このため「オーナーが初期投資と家賃の一部負担をする代わりに利益配分を5：5にする」「初期投資や家賃は現状のままだが、本部が初期投資を回収し終えたら利益配分を5：5にする」など、オーナーになりたい人ごとに契約内容が多様化していく可能性も考えられます。

コンビニが守っていくべき社会保障

本部とオーナーの話し合いが増えるなか、実現に向けて取り組まなくてはいけないのが社会保障です。フランチャイズ店では、オーナーが社員として店長を雇っている店舗も少なくありません。しかし、彼らは社員に対して、社会保険や有給休暇といった社会保障を受けさせていない場合もあると推察されます。

また、アルバイトやパートも「半年以上の継続勤務」と「所定労働日の8割以上出勤」という条件を満たせば有給を取得できますが、こちらも同様です。

２０１６年10月、５０１人以上の企業において、短時間労働者にも社会保険（健康保険・厚生年金保険）の加入が義務づけられました。適用条件は「１週間の所定労働時間が20時間以上」「雇用期間が継続して1年以上見込まれる」「月額賃金が８万８０００円以上」「学生以外」の４項目です。ところが、今後は５００人以下の企業にも適用される可能性があり、そうなればフランチャイズ店も他人事ではいられなくなります。

コンビニオーナーのみならず、多くの中小企業にとって、この法律は非常に厳しいものとなるでしょう。遵守するとしたら、現状のフランチャイズ契約では、多くのコンビニのオーナーが描いた事業計画は確実に破綻します。

しかし、私の見解を申し上げれば、コンビニこそが先例として、こうした社会的責任を全うすべく、立ち向かっていくべきです。コンビニは時代の変化やお客様のニーズにも対応し、成長してきた小売業です。きっと、社会の変化に対しても、コンビニ本部は対応できるはずです。本部とオーナーが歩み寄りを見せ始めた現在、本部は契約内容を見直し、社会保障の厳格化を進めていってほしいと思います。

「機械」と「人」による分業制を進めてゆくゆくは〝人の作業も分業〟する

フランチャイズ契約の見直しを図る一方、現場でも人手不足に対応した仕組みを構築する必要があります。

具体的には「ワンオペ体制の構築」です。すでにP.49で、コンビニが利益を確保する方法のひとつとして「人の作業を減らす」と紹介していますが、まさにこの部分です。「ワンオペ」とはワンマン・オペレーションの略で、従業員1人で働くことです。このワンオペを実現するためには、セルフレジの導入をはじめとした機械化が必須です。

現在、コンビニはカウンター周りの売上だけで約4割を占めています。店内で調理するファストフードやコーヒー、たばこ、各種受け付けなど、店員の作業がカウンターに集中しています。このため、品出しや清掃といったカウンター以外での作業を進めづらくなっている。この負担を少しでも減らすため、将来的に機械で処理できる作業は、すべて機械に任せるような体制を築くべきなのです。

つまり、目指すべきは「ＡＩ＆機械」と「人」による分業制です。そして、最終的には人が行うべき作業をも分業していきます。

そもそも、コンビニの作業は多すぎるのです。当初こそレジ、品出し、発注、清掃といった一般的な作業のみでした。しかし、お客様のニーズをことごとく叶えていったのがコンビニなのです。宅配便の受け付けや店頭受け取り、予約販売、チケット販売、公共料金の収納、インターネット通販の受け取り、オークションサイト商品の発送、ファストフードの調理……など、いまや憶えるべき作業は１２００種類とも言われています。こうした膨大な作業がアルバイト離れを招き、人手不足の一因となったのも否めません。だからこそ、負担を減らすためにも作業を分業するのです。

図⑥　55歳以上の就業状態

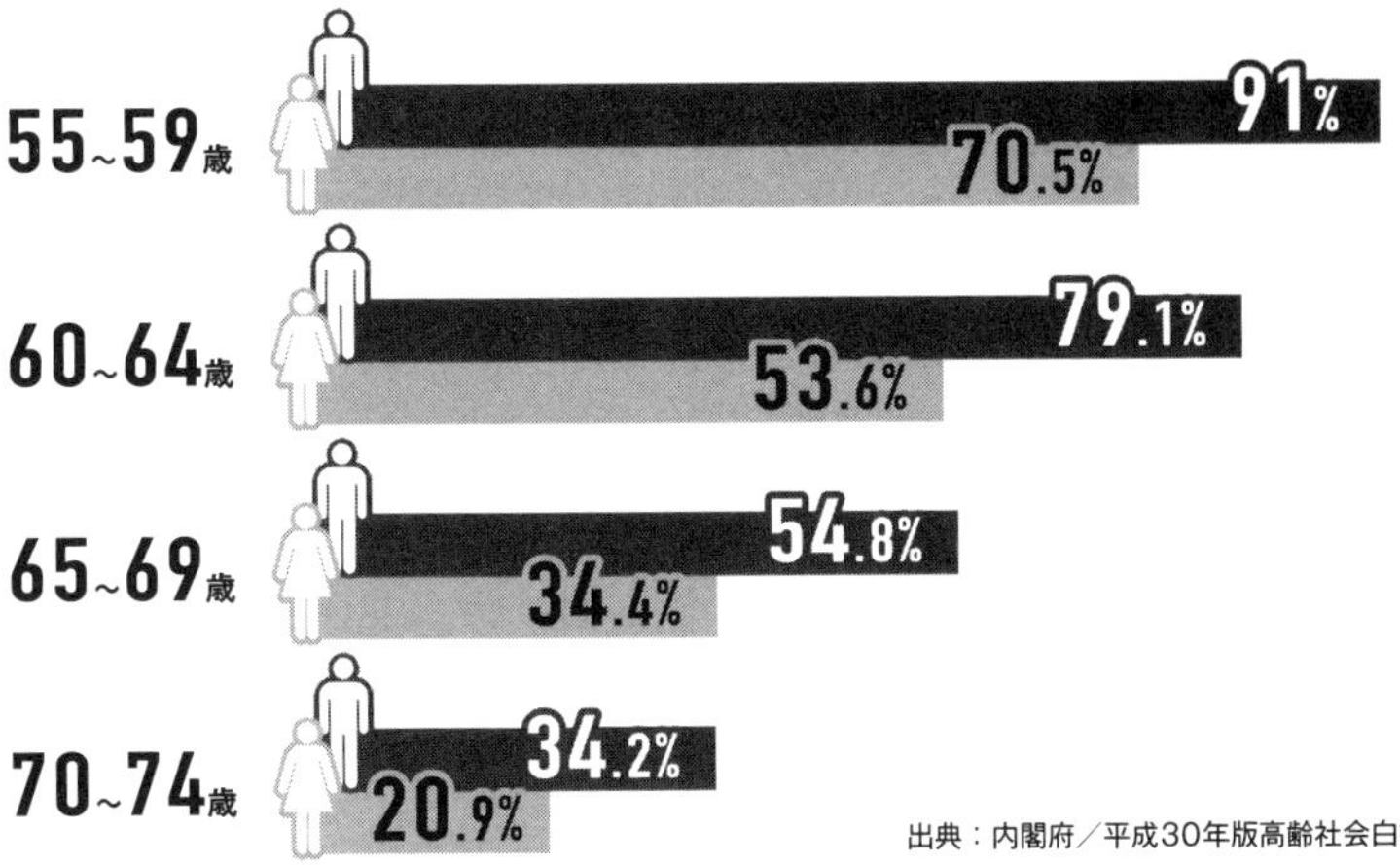

出典：内閣府／平成30年版高齢社会白書

たとえば「清掃専門のアルバイト」がエリア内の複数店舗を担当する。これは、専門の派遣会社が業務を請け負うなど、複数店を経営するオーナーであれば、いますぐにでも実現可能な分業です。また、業者から納品される時間帯のみに在駐し、複数店舗を回る「品出し専門のアルバイト」も良いでしょう。短時間の単純労働になる場合もありますが、これぞまさしく働き方改革です。労働者が多様化するなか、短時間労働のニーズも増えています。

とくに、長時間労働に不向きな高齢者向けの、貴重な雇用機会の創出にもつながります。内閣府「平成30年版高齢社会白書」によれば、２００８年からの11年間で高齢者の就業率が伸び続けています。65〜69歳の就業率は36・２％から46・６％で、70〜74歳は21・８％から30・２％。いわゆる「余生」が延びるなか、たとえ金銭的な余裕があったとしても、社会との繋がりを求めて働き先を探す高齢者が増えているのです（図⑥）。

シニア層の活用はコンビニ各社が検討していますが、先述の通り作業量の多さがネックとなり、積極的な採用には至っていません。人手不足解消と効率化を図るため、分業制を進める必要があるのではないでしょうか。

慢性的な人手不足に悩むコンビニの救世主 都市圏を中心に増える外国人アルバイト

また、人手不足のなかで新たな労働力として期待されているのが外国人です。

厚生労働省によれば、２０１８年10月現在、国内の外国人労働者数は約１４６万人で、前年から約18万人増加し、過去最高を更新しました。政府は外国人労働者の受け入れ拡大を推奨していて、2018年12月には入管法改正案が成立。2019年度から5年間で最大34万5000人の受け入れを想定しているとのことです。

コンビニでも外国人留学生のアルバイトは多く、JFA一般社団法人日本フランチャイズチェーン協会によれば、大手3社（セブン-イレブン、ファミリーマート、ローソン）で働く外国人は2018年8月時点で約5万2000人。その多くは東京をはじめとした大都市圏ですが、全従業員総数（約78万人）の約7％が外国人なのです。

コンビニの人手不足対策においては、最終的にオーナーが1人でも運営可能な店づくりを目指すべきです。ただ、それはワンオペや無人店舗をはじめとしたあらゆる仕組みが整ってからの話なので、あくまでも長期的な目標です。大都市圏を中心とする現状では外国人の手を借りる必要があります。

このため、コンビニ各社は外国人従業員向けの研修に力を注ぐなど、新たな労働力の獲得に動いています。とくにローソンでは、新型POSレジに多言語表示機能を追加。操作ステップを案内するナビゲーションでは、外国人労働者のなかでもとくに多い中国語・ベトナム語・ネパール語に対応させました。

また、私個人としても外国人労働者にはとても期待しています。というのも、彼らは本当に優秀なんです。日本人アルバイトよりも総じてレジを適切に打てるし、態度の悪い客にもしっかりと対応しています。そもそもコンビニでは接客が必須ですから、一定の日本語能力がないと採用できません。外国人がコンビニの店頭に立つには、相当のスキルが必要なのです。日本企業はコンビニのアルバイト経験がある外国人留学生を雇用すれば、その企業の業績は伸びるのではとさえ思います。

こうした事情から、コンビニ各社が加盟しているJFA一般社団法人日本フランチャイズチェーン協会は、外国人技能実習制度の対象職種にコンビニの運営業務を加えるよう要望していました。しかし、残念ながら2019年10月に外食業分野が追加された際、コンビニ業種は見送られています。

思わず「何らかの思惑が働いたのではないか⁉」と邪推したくなるほど残念でしたが、特定技能で外食業の接客が認められたため、いずれコンビニの接客も加わることを願っている次第です。

日本は外国人との関係を見直すときが来た

私は、将来的に〝日本式コンビニ〟を海外に広めるべきだと提唱しています。詳しくは第5章で触れますが、コンビニという素晴らしいシステムを海外に輸出することは、日本経済を救う手段のひとつだからです。

その上で、コンビニが外国人労働者と良好な関係を築くことは、非常に価値あることです。国内マーケットが頭打ちと言われるなか、今後は海外にモノやサービスを売っていくことになります。ならば、外国人との付き合いを増やす必要があります。コンビニと外国人の関係は、インバウンド消費だけではないのです。来たるべき海外での戦いにおいて、多くのヒントが隠されていると思っています。これは、ほかの小売業、他業種にも同じことが言えます。新たな気づきが生まれる場として、外国人労働者との関わりは大きなチャンスです。

ただし、外国人労働者との蜜月の関係も残りわずかとも言われています。日本の経済力が落ち、魅力が薄れたら外国人労働者も来なくなってしまう。いまでこそベトナムやネパールなどから多くの労働者が訪れていますが、今後は中国や経済発展の著しい東南アジア各国に流れてしまうかもしれません。

いずれにしても、人口が減りゆく我が国において、外国人との共生は欠かせないテーマです。2019年3月、新宿ゴールデン街のファミリーマートで働く外国人アルバイトが、客から人種差別的な発言を受けたそうです。これに対し、店舗側は来店者に強く注意を促す貼り紙をしたことがSNSを中心に話題となりました。

移民を受け入れるか否かはデリケートな問題ですが、現状のままでは日本経済を維持していくのが難しいのも事実。雇い入れる側だけでなく、消費者側にも外国人との関係についての再考が求められています。

SECTION 04

コンビニから見た「環境問題」令和元年は〝廃棄の再考元年〟

全国のコンビニで発生している食品ロスの量は年間約21万～32万トン

私たち人類は、発展を遂げていくなかで環境に多大な犠牲を強いてきました。地球規模で見れば、温室効果ガスによる気候変動問題、乱獲や生息地の汚染による動植物の生態系問題など、さまざまな問題が指摘されています。

こうした環境問題において、コンビニが取り組むべき課題としては「省資源」「省エネルギー」「廃棄物削減」などが挙げられます。

なかでも急務と言えるのは廃棄物削減です。近年、コンビニの「食品ロス（フードロス）」がＳＮＳやメディアで問題視される機会が増えています。折しも２０１

9年10月1日からは「食品ロス削減推進法」が施行され、食品流通に関わる国・自治体・企業などに食品ロス削減の努力義務が課せられました。

また、国連の「持続可能な開発目標（SDGs）」では「2030年までに食糧廃棄を半減する」という目標が掲げられています。食品ロス問題は、環境面だけでなく倫理面から見ても対策が求められているのです。

環境省によれば、国内における2016年度の食品ロスは約643万トンと推計されています。このうち、事業者が出した食品ロスは約55％に相当する352万トン（残りは家庭で出た食品ロス）で、コンビニもその一因を担っています。

コンビニ業界全体の正確な食品ロスの発生量は、公表されていません。しかし、私の取材経験からすると、1店舗あたり1日10～15キログラムの食べられる食品が廃棄されています。これは、容器を除いた純粋な食べ物だけの廃棄量です。つまり、全国5万8669店舗のコンビニでは、単純計算で年間約21万～32万トンの食品ロスが発生しているのです。食品以外を含めた1日の廃棄量は1店舗あたり約50キログラム前後なので、実に各店舗で出るごみの20～30%が食品で占められている計算になります。

コンビニを成長させてきた「機会ロス防止」の功罪

コンビニで食品ロスが大量発生する原因のひとつとして「徹底した機会ロスの防止」が挙げられます。

機会ロスとは「在庫切れによって販売のチャンスを逃し、本来得られるべき利益を損失してしまうこと」です。日本のコンビニシステムを確立したセブン-イレブンの鈴木敏文元会長は「在庫切れは顧客への裏切りである」と、機会ロスの防止を徹底させてきました。この考えは、今日のコンビニ業界の常識となっています。

コンビニは、機会ロスを防ぐことによって成長を続けてきました。バブル崩壊後も、デフレ突入後も「24時間、品切れが起こらない便利な店」として平成期を突き進んできたのです。

この結果、各店舗は機会ロスを防ぐために必要以上に仕入れようとし、また契約している食品メーカーも欠品を防ぐために必要以上に製造しようとする。これが食品ロスの大量発生を招いているのです。

コンビニにおいて、「機会ロスの防止」と「食品ロスの大幅削減」の両立は非常に困難です。

極端な例を出せば、同一エリアで5店舗程度を構える企業ならば可能でしょう。店舗間で数を調整し、品切れが発生しそうな店舗があれば、別店舗から取り寄せればいい。これならば、努力次第で食品ロスをギリギリまで抑えられます。しかし、コンビニは全国5万8669店舗の巨大な小売業です。大手3社がいずれも1万店舗を超えているなか、機会ロス防止の方針を続けた状態で、食品ロスを大幅に減らしていくのは不可能に近いのです。

また、消費者に根付いた「欠品がないコンビニ」のイメージから脱するのも難しいでしょう。食品ロスを非難する一方で、品切れに対して不満の声を漏らす人が多いのも事実です。古い商品を前に並べる〝先入れ先出し〟を徹底しても、お客様がより鮮度の高い商品を求め、棚の奥に手を伸ばしてしまうのも食品ロスの原因のひとつかもしれません。とは言え、食品ロスが大きな社会問題となっている現在、コンビニは真摯に向き合っていかなくてはいけません。

機会ロスと食品ロス、顧客のニーズと社会問題、いかにして両者のバランスを保っていくかは、今後のコンビニにとって大きな課題なのです。

値引きよりも廃棄の方が儲かる⁉「コンビニ会計」の闇

機会ロスのほか、「コンビニ会計」と呼ばれる独特な商習慣も食品ロスの大きな原因です。たとえば「販売価格１００円・原価70円のおにぎりを10個仕入れ、８個売れた」場合、一般的な小売業では、オーナーと本部の取り分は次のように計算されます。

《一般的な小売業の会計》※「オーナー：本部」の取り分を「４：６」として計算

売上：１００円×8個＝８００円
原価：70円×10個＝７００円
利益：１００円
↓オーナーの利益…40円　本部の利益…60円

おにぎりが8個売れたので売上は８００円。ここから10個分の原価額である７０
0円を引いた「利益１００円」がオーナーと本部で分けられます。
ところが、コンビニでは次のような独特の会計方法が用いられています。

《コンビニ会計①》※「オーナー：本部」の取り分を「４：６」として計算
売上：１００円×8個＝８００円
原価：70円×8個＝５６０円
利益：２４０円
↓オーナーの利益…96円－１４０円＝マイナス44円　本部の利益…１４４円

おにぎりが8個売れたので売上は800円。ここから実際に売れた8個分の原価額560円を引いて、利益は240円。一見、コンビニ会計の方が利益が多いように思えますが、問題は取り分の計算です。「4：6」に乗っ取り、本部は144円の利益を得ますが、オーナーは96円の利益から売れなかった2個分の原価額140円が引かれ、マイナス44円になってしまうのです。

では、ここですべてを売り切るために「売れ残った2個のおにぎりを半額で売る」と、どうなるでしょうか。

《コンビニ会計②》※「オーナー：本部」の取り分を「4：6」として計算

売上：100円×8個＋50円×2個＝900円
原価：70円×10個＝700円
利益：200円

図⑦　機会ロスとコンビニ会計

機会ロス撲滅

商品欠品
↓
欲しいお客様が買えない

→

小売店
『機会ロス』防止と
廃棄を見越して仕入れ

食品メーカー
『欠品ペナルティ』が
あるため必要以上に製造

『食品ロス』
大量発生

コンビニ会計の計算式

〈 オーナー:コンビニ本部の取り分を4:6として計算 〉
〈 原価70円のおにぎりを10個仕入れ8個売れた場合 〉

通常会計

売上:100円×8個=800円　原価:70円×8個=560円　利益:100円

オーナー 40円　**本部 60円**

コンビニ会計

売上:100円×8個=800円
原価:70円×8個(売れ残り分2個を除く)=560円
利益:(売上 - 原価)240円

オーナー 96円-140円=マイナス44円　**本部 144円**

売れ残りを半額で〈見切り販売〉

売上:100円×8個+50円×2個=900円
原価:70円×10個=700円
利益:200円

オーナー 80円　**本部 120円**

利益減

廃棄をするとオーナーの利益がマイナスに!
見切り販売をすると本部の利益が減ってしまう!

↓オーナーの利益…80円　本部の利益…120円

オーナーの利益は80円に増えましたが、本部の利益は144円から120円に下がってしまいました。つまり、見切り販売を行うと本部の利益が24円減ってしまうわけです。これがコンビニで見切り販売が行われてこなかった理由のひとつです。コンビニ会計においては「見切り販売するよりも、廃棄した方が本部はより多くの利益を得られる」。そんな本部側の思惑もあり、食品ロスが見過ごされてきたのです（図⑦）。

こうした本部の姿勢は、以前から問題視されていました。

2009年には公正取引委員会が、セブン-イレブンに対して「値引きの制限」に関する排除措置命令を出しています（独占禁止法違反「優越的地位の濫用」）。以後、コンビニ各社では食品ロス原価の一部を負担するようになりましたが、見切り販売そのものを実施していたオーナーはわずか1％程度だったそうです。

ほとんどのオーナーたちは「本部の言うことを聞かないと、契約解除されたり、契約更新されないかもしれない」との不安から、値引きに踏み切れないのが実情でした。本部とオーナーの間には、それだけ大きな力関係が働いていたのです。ただし、大多数の店舗で値引き販売が実施されれば、定価販売での利益が、一転して薄利となってしまう。本部・オーナーともに大幅な利益減少となる恐れがあり、現状のフランチャイズモデルが継続できなくなる可能性もあります。ひいては商品価格に転嫁され価格上昇してしまう＝消費者にも影響を及ぼすかもしれないのです。

食品ロスを防ぐ3つのキーワード
見切り販売・予約商材・販売期限

食品ロスを防ぐため、将来的に期待されるのはＡＩを用いた発注です。

ただし、P.56でも説明した通り、ＡＩによる発注はクリアすべき課題が残されており、まだまだ実験段階です。現状では、各店舗ごとの発注担当者のＫＫＤ（勘・経験・度胸）に委ねられるため、発注から食品ロスの防止にアプローチする方法では高い効果は得られにくいでしょう。

しかし、発注以外に目を向けると、すでにコンビニ各社がさまざまな取り組みを実施しています。なかでも期待できるのは、次に挙げる3つです。

・廃棄が近づいている商品の「値引き&ポイント還元」
・恵方巻きをはじめとした「予約商材の店頭販売禁止」
・「販売期限の見直し」に伴うチルド&冷凍食品の拡大

これらは「食品ロス対策の三本柱」と言っても過言ではありません。いったい、どのような取り組みなのか、具体的に説明していきましょう。

廃棄が近づいている商品の「値引き&ポイント還元」

「コンビニ会計」のところでお話しした通り、これまで本部は自分たちの利益を優先し、見切り販売を制限してきたという背景もあります。しかし、食品ロスが社会

図⑧　「食品ロス削減」の取り組み

セブン-イレブン	消費期限の近い食品の購入者に **5%ポイント還元** 北海道と四国の1361店で開始 **2020年春 全国導入検討**
ファミリーマート	『見切り品販売』は、**加盟店から申し入れがあれば容認** 恵方巻・うなぎ・クリスマスケーキなど **季節商品は原則予約制に** 2019年の土用の丑の日"予約制"で『うなぎ弁当』を販売 販売額 **20%減少** も利益 **70%増**
ローソン	『見切り品販売』を推進 **実験済** (2019年9月まで) 消費期限の近い弁当やおにぎりなど **夕方以降100円につき5ポイント還元** (2019年10月まで) 都内3店の廃棄食品を回収、**家畜飼料に加工、畜産農家に提供**

問題となった現在、いよいよ見切り販売を推奨する状況となっています。

ローソンでは、2018年春から一部店舗でファストフードを中心とした値引き販売を実験的に行い、廃棄額が20%削減できたと発表。これを受けて、見切り販売を推奨する方向にシフトしています。また、2019年6〜8月には、愛媛県と沖縄県の約450店舗で、消費期限の近づいた商品を夕方以降に購入すると、5%のポイントを還元する実験も実施しました。今後、食品ロスの削減効果を確認した上で、全国にも広げていく予定とのことです。

ポイントを還元するのは、とても賢い方法だと思います。なぜなら、「ポイントで返すのならば、定価販売となり、コンビニ会計によるオーナーの利益減にはならない」という認識で実施しやすいからです（ポイント負担先がどちらになるのかにもよりますが）。事実、見切り販売に対して消極的だったセブン-イレブンも、同様の5％ポイント還元を2020年春までに全店で導入するよう進めています。

一方、ファミリーマートでも、加盟店からの申し入れがあれば見切り販売を容認するなど、大手3社が2019年からいっせいに動き出しています。

見切り販売やポイント還元といったお金に直結したサービスは、消費者にも訴求しやすいため、食品ロス対策として高い効果が期待できます。今後は、ポイント還元と店舗状況に合わせた見切り販売の併用がコンビニのスタンダードになっていくのでしょう（図⑧）。

恵方巻きをはじめとした「予約商材の店頭販売禁止」

コンビニには「予約商材」と呼ばれる商品があります。代表的存在はクリスマスケーキや恵方巻きなど、いわゆる季節の食品で、これらは予約販売と並行して店頭でも販売されてきました。

「予約商材なのだから、予約販売だけすればいいのでは？」と疑問に感じる人も多いでしょう。しかし、店頭販売が行われてきた背景には、コンビニ業界における店舗指導員（スーパーバイザー）の評価の難しさが隠れています。

たとえば、店舗同士を比較する際、売上高は評価対象として適切ではありません。なぜなら、都心の繁華街にあるA店と郊外の過疎エリアにあるB店では、何が起きてもA店の方が確実に売上が高くなるからです。また、同一エリアであっても、近隣に競合店が出店したか閉店したか否かで売上前年比較などは変わってきます。単純な売上の増減だけでは、その店舗を管轄する店舗指導員を評価できないのです。

このため、店舗指導員の評価対象の1つとなっているのが、予約商材の予約数と当日の店頭販売数です。「店内で事前予約の宣伝を積極的に行ったか」「レジ接客時に予約商材のお声掛けをしていたか」などの能動的な営業活動を、予約商材の販売数で評価しているのです。ほかにも、「おでんの販売を早く開始した」「新商品のポップをちゃんと設置していた」などが評価対象となります。この方が、売上よりも平等に評価できるのです。また、低日販店舗は立地特性に左右される場合が多く、売上浮上が難しい店舗にとっては予約商材の販売は重要であるという理由もあります。

しかし、予約商材による過剰な店舗間競争は、食品ロスを生みました。恵方巻きが大量に廃棄されている写真がＳＮＳで拡散されると、コンビニやスーパーに批判が集中。農林水産省は小売業界に適切な販売をするよう通知し、予約商材が〝コンビニ食品ロスの象徴〟とも言える存在になってしまいました。

こうした事態を受けて、ファミリーマートでは２０１９年４月、おせちや大型クリスマスケーキ、恵方巻きなどの季節商材の店頭販売を禁止し、原則予約制に移行すると発表しました。発表後、最初に迎えた季節商材は、土用の丑の日の「うなぎ弁当」です。完全予約制を実施したのは約70％の店舗で、残る30％は加盟店側からの要望で店頭販売も行われました。この結果、販売額こそ20％減少したものの、なんと利益は70％も増加。食品ロスが大幅に減ったことで利益が増大したのです。

完全予約制にする上で「予約期間の２週間前倒し」や「早期予約で割引」などの

取り組みも功を奏しました。製造工場の食材ロスもなくなります。ファミリーマートでは、今後も季節商材の原則予約制を続ける方針とのことで、他社の動向にも注目が集まっています。

「販売期限の見直し」に伴うチルド&冷凍食品の拡大

コンビニで売られている食品には、賞味期限や消費期限とは別に「販売期限（販売許容）」が設けられています。

賞味期限は劣化が比較的遅い食品（目安として製造日から5日以上）に義務づけられる表示で、消費期限は劣化の早い食品（目安として製造日から5日以下）に義務づけられる表示です。

一方、販売期限とは、販売者が独自に設定している「この期間までなら販売しても良い」という期限です。賞味期限や消費期限が近い食品を販売すると、消費者が口にしたときには期限切れになっている可能性があります。場合によっては食中毒を引き起こす恐れもあり、こうしたトラブルを未然に防ぐため、小売業では食品を販売する際に販売期限を設けているのです。たとえばセブン-イレブンでは、弁当やおにぎりなどフレッシュフードの販売期限を「消費期限の2時間前」に設定していて、販売期限を迎えた商品は回収・廃棄することになっています。

販売期間が長くなれば、その分だけ店頭に置かれる時間が延び、必然的に食品ロスを回避するチャンスは増えます。このため、コンビニ各社はこの数年間、消費期限を延ばすための改革を進めてきました。

素材や製法、保存容器、納品するまでの温度管理など、あらゆる角度から商品を見直し、販売期間が3倍近く延びたフレッシュフードもあります。チルド弁当やチルド惣菜は良い例でしょう。それまで18～20℃程度で配送・販売されていた弁当類の消費期限は1日程度でした。しかし、3～8℃という低温による配送・販売に切り替えた結果、消費期限は3日程度にまで延びています。また近年、真空パックの惣菜や冷凍食品といった賞味期限が長いPB（プライベートブランド）が増えているのも、食品ロスを減らす目的があるためなのです。

こうした企業努力は、2019年も変わらず続いています。9月にはセブン-イレブンが衛生管理水準の向上を理由に、弁当やパンなど、ほぼすべてのフレッシュフードの消費期限を最大で6時間延ばすことに成功しています。

また、販売期限と関連した業界の慣例見直しも進んでいます。

食品業界には「3分の1ルール」という商習慣があるのをご存じでしょうか？たとえば、賞味期限6ヵ月の商品ならば、「メーカーから小売店に送る納品期限」を、賞味期限の3分の1である「製造日から2ヵ月以内」に設定するという慣例です。しかし、このルールの場合、製造日から2ヵ月を超えた商品は、賞味期限まで4ヵ月の猶予があるにもかかわらず、未出荷のまま廃棄となるケースが出てしまいます。流通経済研究所によれば、3分の1ルールによる損失は食品業界全体で年間1235億円とのこと。これは大きな食品ロスです。

そこで、新たに推奨されているのが「2分の1ルール」です。同じく賞味期限6ヵ月の商品で説明すると、納品期限は賞味期限の2分の1となり、従来よりも1ヵ月長い3ヵ月へと延びるわけです。小売店の販売期限が短くなる可能性もありますが、流通経済研究所が35社を対象にした実証実験では、2分の1ルールの適用によって年間87億円分の廃棄を減らせたという結果が得られました。廃棄量換算では約4万トンの削減となり、業界全体で取り組むことで、より大きな効果が得られる見込みです。

現在、小売業界で2分の1ルールの適用が活発化しています。コンビニ各社も、菓子やカップ麺など加工食品の納品期限を従来の3分の1ルールから2分の1ルールへと変更しています。

売れ残り食品を飼料や肥料にリサイクル

ここまで紹介した〝食品ロス対策の三本柱〟は、現在進行形で進められている実用性の高い方法です。

一方、まだ全国展開は実現していませんが、ローソンが「食品リサイクル」という興味深い試みに挑戦しています。この取り組みは、おにぎりや弁当などの売れ残

図⑨　ローソンの食品リサイクル等実施率＆実施店舗数

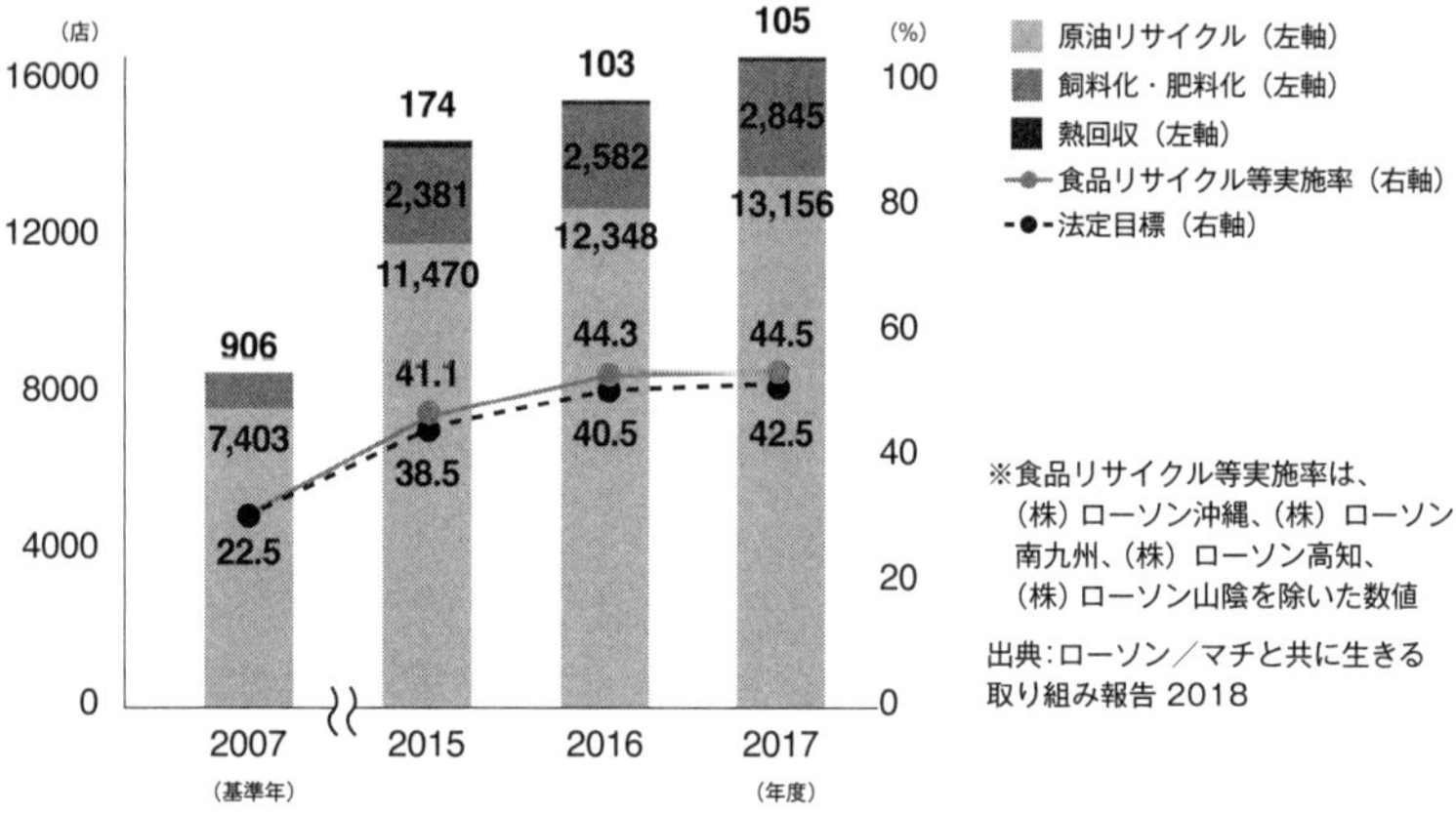

※食品リサイクル等実施率は、（株）ローソン沖縄、（株）ローソン南九州、（株）ローソン高知、（株）ローソン山陰を除いた数値

出典：ローソン／マチと共に生きる取り組み報告 2018

り商品を加工し、飼料や肥料として再利用するというものです（図⑨）。

ローソンの食品リサイクル（飼料・肥料化）は、これまでに計3000店舗以上で実施されています。福岡市では2014年10月から飼料化が続けられ、養豚農家やメーカーに出荷されています。また、富山市をはじめとした5市町村では、売れ残り商品を工場で発酵させ、バイオガスと発酵液を製造しています。バイオガスは発電に使用され、発酵液は植物のチップに混ぜられて肥料となります。

全国での導入が遅れている理由は、廃棄物処理を巡る規制です。原則として、廃棄物は排出された自治体内で処理しなくてはいけません。大きなエリアで地区をまたぐように回収し、ひとつの工場へと運ぶためには特別な許可が必要です。導入する上で、この申請の手続きがネックとなっているようです。また、配送車両での廃棄食品回収は、効率的ですが、現状では、廃棄物処理法でゴミを運ぶ車両が規制されているため特別な許可がいるのも問題です。

食品ロス対策において、リサイクルは非常に素晴らしいアイデアです。実行しない強い理由はないので、障壁となっている運搬規制も、必ずや近いうちに緩和されるでしょう。環境省や農林水産省の管轄になると思いますが、ぜひ早急な対応をお願いしたいところです。

レジ袋有料化の実施で日本人の意識が変わる⁉

食品ロスと並び、廃棄物削減において関心を集めているのは「コンビニのレジ袋有料化」です。

２０１９年6月15日、「G20持続可能な成長のためのエネルギー転換と地球環境に関する関係閣僚会合」に出席した世耕弘成経済産業大臣（当時）は、早ければ２０２０年4月1日から、小売店で使用されるプラスチック製レジ袋の有料化を義務づける方針を明らかにしました（２０１９年11月に、小売店の準備等により２０２０年7月から実施する方針に）。

対象となるのは全国のスーパーやドラッグストア、百貨店などすべての小売店。もちろん、コンビニも例外ではありません。これまでコンビニで当然のように無料で提供されていたレジ袋が、２０２０年からは有料になる。多くの消費者にとって、食品ロスよりもダイレクトに生活を激変させる出来事ではないでしょうか。

レジ袋の有料化は、すでにイオンや西友、イトーヨーカドーなど多くのスーパーで導入されています。しかし、いまだに他人事のように感じている人は少なくありません。なぜなら、スーパーを利用する中心層は主婦であり、それ以外の層にはリーチしにくいからです。

一方、コンビニはあらゆる層が利用するため、日本人すべてに関わります。だからこそ、コンビニが何かを始めると習慣化されやすく、日本人の生活スタイルを一変する可能性が高いのです。

なお、国内で出る使い捨てプラスチックごみのなかで、レジ袋が占める割合はわずか1～2％程度です。多いどころか、むしろ、ペットボトルや包装資材、食品の容器などと比較すれば少ない部類です。それにもかかわらず、レジ袋の有料化が進められている理由は、導入のしやすさと環境意識の啓蒙と考えられます。

レジ袋の規制は、事業者と消費者の意識ひとつで実践できるため、ペットボトルや弁当容器などを規制するよりもはるかに効率的です。それでいて、消費者の生活に密着しているため、「プラスチックごみ削減」の意識を植え付けやすいのです。

レジ袋有料化でセルフレジの普及が進む⁉

日本の国民1人あたりのプラスチックごみ排出量は、アメリカに次いで世界ワースト2位の多さです。陸上から海洋へと流出する「海洋プラスチック問題」も深刻化していて、このまま改善されなければ、2050年には海洋プラスチックごみの総重量が、魚の総重量を上回るとの予測も出ています。このため、環境省は2030年までに使い捨てプラスチックごみを25％削減するとの目標を掲げています。

2019年11月時点の情報では、翌7月1日からレジ袋有料化が義務づけられる方針とのことです。当初の予定から3ヵ月ほど遅れるようですが、いずれにしても東京オリンピックよりも前の実施です。多くの外国人が日本を訪れると予想されますが、先進国として、環境問題にしっかりと取り組んでいる姿を世界へとアピールする狙いもあるのでしょう。

しかし、環境省が実施したアンケート調査では「いつも利用するコンビニエンスストアでレジ袋が有料化された場合、買い物に変化はありますか」との質問に対し、「有料化になっても変化はない」と答えた人は25％でした。これに対し、「マイバッグを持参して継続利用する」は46％、「レジ袋が無料のお店を利用する」は29％で、利用者の75％が買い物に変化が起きると示唆しています。

コンビニ各社がレジ袋の料金を何円に設定するかは明らかになっていませんが、実際に導入されれば、コンビニ業界の売上は一時的にダウンする可能性が高いです。というのも、マイバッグを持参する人は、その容量に入る分だけを購入するため、余計な衝動買いを控える心理が働くからです。

また、レジでの混雑も予想されます。マイバッグを持参する場合、商品を入れるのが店員であっても、お客様自身であっても、慣れない作業に手間取るからです。対人レジの混雑が続くようであれば、セルフレジの需要が一気に高まってくるでしょう。もしかしたら、コンビニのセルフレジ普及のカギは、レジ袋有料化が握っているのかもしれません。

日本人は無料サービスを受けることに慣れすぎている

有料レジ袋が定着したら、いずれは割り箸やフォーク、おでんのからしなども有料化される可能性があります。

コンビニに限らず、日本のサービス業は多くの無料サービスを提供しすぎです。そのサービス精神を、世界に誇れる〝おもてなし文化〟の延長と捉えるならば、一概に否定することはできません。しかしながら、廃棄物削減の観点から言えば、現状におけるコンビニの無料提供は過剰だと感じます。

これまで無料だったものが有料になれば、消費者からは反発の声も上がるでしょう。しかし、私からすると、日本人は無料でサービスを受けることに慣れすぎている気がしてなりません。コンビニのレジ袋も、割り箸も、からしも、本来すべてにコストは発生しているのです。そして、そのコストを負担しているのは、本部ではなく店舗のオーナーなのです。

有料化せずとも、廃棄物削減を意識するのであれば、割り箸と一緒に入っている爪楊枝はなくしてしまってもいいと思います。少なくとも私は、あの爪楊枝は不要だと考えています。周囲にも、この爪楊枝を使っている人はほとんどいません。

　しかし、これを本部の人間が実行したところで、大して評価されないのです。評価されにくい仕事に対して、多くのビジネスパーソンは行動に移さない。面倒だから、自分が担当している間はやり過ごそう。そう考えて放置してしまうのです。

　なお、割り箸類の有料化に踏み切るとしたら、コンビニ業界全体が足並みを揃える必要があります。なぜなら、商売は逆張りに商機があるからです。もしも近隣の競合店が割り箸を有料化したら、私がオーナーならば自分の店舗では絶対に無料提供を貫きます。その方が、確実に客足が増えますからね。

　このように、お客様を奪われかねない方針は、オーナーやコンビニ各社の判断ではなく、業界で同時に行わなくてはいけません。ただし、業界内だけの話し合いで足並みを揃えるのは困難です。コンビニジャーナリストである私が、メディアやＴｗｉｔｔｅｒなどで繰り返し主張したとしても、残念ながら業界全体を動かすに至らないでしょう。レジ袋の有料化と同様、こうした大きな方針は国が動かない限り変わらないので、何とももどかしい話です。

”「人」の力で、真・未来のコンビニを創る“

お客様への対応力を内部にも生かせばコンビニはまだまだ成長できる！

超高齢社会に突入した現在、コンビニの客層はシニア層が増え、その品揃えも少しずつシニア向けに変わろうとしています。

こうしたなか、ファミリーマートの実験で興味深い結果が得られました。

2018年6月、ファミリーマートは大手ディスカウントストアのドン・キホーテと提携し、ドン・キホーテがオーナーとなり運営する都内3店舗で通称「ファミマドンキ」をオープンしました。ドン・キホーテの品揃えや売り場づくりを取り入れた共同実験店舗で、店舗の看板は、お馴染みの配色に「ＦａｍｉｌｙＭａｒｔ」の文字。ただし、その横には「ＰＲＯＤＵＣＥＤ　ＢＹドン・キホーテ」と付け加えられています。通常の品揃えに加え、ドン・キホーテが推奨する日用品や加工食品など約２８００品を導入し、店内の商品数は計５０００品。これらをドン・キホーテが得意とする〝圧縮陳列〟を用いて販売したところ、売上高は３店舗平均で３割も増加したそうです。

ようするに、ドン・キホーテの若者向け商品を入れたら、コンビニに若者が戻ってきて売上が伸びたというカラクリです。

そもそもショッピングにおけるエンターテインメントは、突き詰めて言えば、仕掛け以上に、消費者１人ひとりの趣味嗜好にも応えられる品揃えがあってこそなのです。世の中の人が万遍なく喜ぶ品揃えと、特定の人が喜ぶ品揃えは、残念ながらまったくの別物です。それでも「最大公約数の品揃え」を掲げるコンビニが、その商品世界観のなかで、特定の人すらも喜ばせていくためにはどうしたらいいのか？

これは大きな課題と言えます。

もしかしたら、将来的にはＡＩが解決してくれるかもしれません。個店の顧客情報を持つＡＩと、世の中の経済動向を見ているＡＩを組み合わせることで、新たな消費予測が可能となっていくのでしょう。

次に何が起こるか、あらゆる状況・情報を組み合わせることによって、ＡＩが判断を下す。そして、その判断を見ながらセンスのある商売人がさらに工夫を凝らしていく。これが未来のコンビニにおける、品揃えの最適な解答なのでしょう。

一律化のコンビニから多様化のコンビニへ

また、ＡＩやＩｏＴが進化していけば、決済方法も変わるでしょう。現在の最先端モデルの1つとして紹介したａｍａｚｏｎ ｇｏでは、入り口でスマホをかざしましたが、この作業すらも不要になります。顔や指紋などの生体認証によって銀行口座やクレジットカード情報と紐付けられ、手ぶらで決済できるようになるのです。

買い物における生体認証が一般化するとしたら、最初にその技術を大規模に取り入れるのはコンビニです。なぜなら、技術の発展は最も使用される場所・モノからスタートし、一挙に便利になっていくからです。利用者が多ければ多いほど、その場所・モノを用いた技術やサービスが充実し、集約していきます。これは工業界における技術標準化と似たような理屈です。

コンビニは、多くのお客様のニーズに応え続けることで成長を遂げた小規模店舗型の小売業です。ただし、コンビニが標準化競争に勝利した裏では、多くの小売店が消え去りました。代表的な例は街の酒屋です。酒小売店は、１９８０年代まで食品や日用品なども扱っていました。しかし、コンビニが登場すると、その圧倒的な品揃えに屈し、いつしかフランチャイズオーナーとなりコンビニへと姿を変えていったのです。

ほかにも、深夜営業や店舗数という武器によって、既存の小売店から少しずつ客層を取り込み、拡大を続けていきました。そして、極めつきはコンビニ同士の戦いです。21世紀に入ると大手による吸収が活発化し、サンチェーン、ニコマート、新鮮組、am／pm、ココストア、サークルK、サンクス、スリーエフ、セーブオンなどの中小コンビニチェーンが次々と姿を消していきました。

極端な話、消費がシュリンクしていく数十年後には、駅前の好立地にドラッグストアや総合スーパー、カテゴリーキラーなどが建ち並ぶだけで、残りの買い物はネット通販とコンビニだけになるかもしれません。

そうなると、各地のコンビニは大きな変貌を遂げるはずです。これまでコンビニは、徹底した店舗の一律化によってチェーンイメージを築き上げてきました。全国各地、どの店舗でも同じ品揃えで、同じ価格で、同じサービスを提供してきたのです。しかし、今後は場所によって変化するようになると予測します。ビジネス街には効率を重視した無人店舗、高齢者が多い住宅街には接客を重視した店舗、ほかにもファストフードや店内調理を充実させ、フードコートのようにイートインが敷地の半分以上を占めるような店舗も生まれるかもしれません。

問題の顕在化は新たな成長のチャンス

本章のはじめに、この先もコンビニが利益を確保するための方法として、次の3つを挙げました。

①人の作業を減らす
②接客の価値を高める
③新たな市場を攻める

AIとIoTで人の作業を減らし、自販機コンビニや無人店舗で新たな市場であるマイクロマーケットを攻める。そして、残された「人」はというと、接客の価値を高めることに力を注ぎます。

こんな「モノ」が売っている。こんな便利な「コト」もやっている。

これまでのコンビニは「モノ」や「コト」でお客様を集めてきました。それは、コンビニオーナーの過重労働により成り立ってきた側面があります。しかし、2019年にさまざまな問題が明るみに出たことで、初めて本部はお客様だけでなく内部にも目を向けました。お客様の多様なニーズに対応してきたコンビニです。内部の変革に対応できないはずがありません。

頭打ち、飽和、縮小……最近ではネガティブな言葉が囁かれるコンビニですが、内部と社会に目を向けたことで、新たな伸びしろが見つかりました。つまり、まだまだ成長できるチャンスが残されているのです。インターネットでの商品購買は、消費の多様化と超高齢化で、ますます増えていくことでしょう。宅配ボックスやあらかじめ客が指定した場所に置く〝置き配〟などにシフトし、配達員と接する機会も減るのでしょう。

家庭では、家族団欒《かぞくだんらん》でテレビを見るというより、スマホで自分の好きな動画を見たりゲームをしたりするなど、スマホ依存が進みコミュニケーションも減るでしょう。会社では、同じ時間に出勤して仕事をする機会が減っていき、テレワーク（在宅勤務）が、併用を含めて徐々に増えていくでしょう。

人とコミュニケーションする場所は、近所にあるコンビニだけに。そんな時代がすぐそこに来ているのかもしれません。

そんな環境だからこそ、従業員の労働環境を整え終えたとき、いよいよ「人」の力が真価を発揮します。待ちのコンビニではなく、攻めのコンビニへ。「モノ」や「コト」ではなく、最後は「人」でお客様を集める。それが、新時代のコンビニへと変貌を遂げる最大の武器となるのではないでしょうか。日本の消費は多様化しています。そんな市場に対応して、商品は開発、発売されています。

コンビニの店舗においても全国一律から個店ごとのお客様のニーズ・ウォンツに合わせた品揃えが必要になってくるのは明白です。

そういった商品は、まさにＡＩでは導き出せない接客から生まれてくるのです。個々のニーズ・ウォンツを読み取ることはまさに「人」にしかできません。

ＡＩと組み合わせ、個店に合った最適商品を揃えることを実現すべきだと私は提案します。

ここまで、コンビニ問題を世の中の変化とともに振り返ってきました。ここで述べてきた話は、誰もが生活していく中で、また企業にとっても、必ずや直面する問題ばかりなのです。ＡＩとＩｏＴを駆使した未来型のコンビニは、効率的業務と、それによる〝空いた時間〟での「人」としての温かみのある接客の進化に2極化すると私は予測しました。

この空いた時間をどう使っていくのかが、これからの日本にとって最も大事になるのではと思っています。

今後、企業では経理・人事・総務などのクリエイティブな要素が少ない定型業務はＡＩが取って変わっていくでしょう。たとえば経理であれば、コンビニが進めるＡＩ発注の目指す進化と同じく、導き出された数値を戦略的に活用して事業戦略の提案をするなど、事業戦略部署の一部の業務になるのかもしれません。

コンビニのイートインは、シニアの集会場になると提言しましたが、たとえば人事であれば社員がコミュニケーションできる場所の提供や社員が笑顔になれるイベントの創出。社会問題化する精神疾患を事前に防ぐべくクリエイティブな施策を発案することが求められていくのでしょう。

コンビニと同じく、働き方の変化を待ったなしで考える必要があるのです。

またコンビニでは、年中無休・24時間など全国一律でのサービスが今後減っていき、今まで通りとはいかなくなります。コンビニの変化は、ある意味、不便と向き合っていかなければならない世の中の最初の入口となりそうです。

コンビニではサービス縮小を進めるにあたり、売上・立地・競合・オーナー資質などの棚卸しを実施し実行に向かっています。おそらくコンビニ同様に個人の生活にも棚卸しが必要な時代となっていくのでしょう。変化する生活に合わせた住環境の検討、生命保険・携帯などの契約が現状の生活に適しているか、食生活・1日のスケジュール、一部で問題化しているスマホ依存など、いまこそ生活スタイルの見直しの時期であるのは間違いありません。

つまり、効率化で空いた時間やお金で、より自分らしく生きる生活を創出するのです。これができる人とできない人によって人生の豊かさに大きな差が生まれてきそうです。


コンビニは、人口減少・超高齢化マーケットの中で、生活インフラとしての役割がさらに求められていきます。街の灯りとなる安心感を得る交番的役割、トイレの貸し出し、宅配による高齢者の見守りサービス、マイナンバーカード普及による複合コピー機での住民票や戸籍謄本などの発行、各種税金の支払い窓口等々。店舗の人手不足問題に反してさらに期待度は高まります。

行政の代わりになる業務に関しては、フランチャイズオーナーの生活を後押しすべく、コンビニに税金や補助金を投入し、生活インフラ拠点として名実的に位置付けし維持する必要があるのかもしれません。そして、通販や荷物の受取拠点など民間企業の役割代行な面も増えていくでしょう。

また、遠隔からの医師診断サービスの未来のように、各営業窓口がコンビニに置かれるかもしれません。スマホの契約、車や不動産のセールス、保険の窓口など、営業マンが来て対面で接客、もしくは画面越しでの対応。規制でクリアすべき問題もありますが、家の近くのコンビニに世の中の各窓口が！　そんな世の中になるのかもしれません。

各企業もコンビニの変化を追い、コンビニを活用しネットと連動したビジネスを広げることを検討する時代がすぐそこに迫っています。

さらに、コンビニでは地域やそこに住む個人に寄り添ったエリアナイズした店舗がAIによって実現していくと考えられます。

身近にあるコンビニが、エリアナイズされ、そして、個人にとってはパーソナライズされた店になれば、日常の買い物はネット通販と併用して効率化されていくはずです。

これからの時代は企業も個人も、効率化の先にクリエイティブな仕事をいかに創出できるかが、最も重要になると考えられます。変化に対応し進化するコンビニは、今後も最も身近な教科書となり続けるでしょう。

買い物をするだけではなく、その変化を意識し注視することにより、自分自身の仕事やプライベートの生活に置き換えて取り入れていくことが、人生を豊かにする近道につながるのかもしれません。

多くの小売店を消し去っていったコンビニには、その分まで小売業界を背負う義務があります。だからこそ、コンビニは、日本の小売業界のためにも、日本経済のためにも、そう簡単に消えるわけにはいかないのです。

第2章

コンビニこそ商品開発の最前線！

“なぜ、コンビニは商品開発力があるのか？”

「店舗数」と「マス化」が商品開発の土壌をつくる

近年、家電メーカーの低迷により、「日本の商品開発力が弱まっている」との指摘があります。これは〝日本が得意とする多種多様すぎるものづくりからくる負のスパイラル〟が原因なのかもしれません。高スペックでさまざまな機能を詰め込むという手法が、世界では受け入れられなくなっているのです。代わりに、サムソンのような使用頻度の高いスペックに絞り込んだ商品が発展途上国を中心に人気を集めています。

しかし、「日本の多種多様なものづくり」は、一般的な消費財においては強い武器だと私は思っています。シャンプーや化粧品、食品など、お客様の多様なニーズに合わせ、これだけ豊富な種類を取り揃えている国は日本だけです。これらの商品を、世界に目を向けて開発していけば、素晴らしい進化を遂げる可能性があります。

そのなかでも、とくに私が期待しているのはコンビニが持つ商品開発力です。

商品開発に適した巨大なロット数

まず前提として、日本の商品の品質が高い理由は工場（大手メーカーのOEM／製造受託工場）にあります。日本の工場は徹底した生産管理と時間管理によって高品質を保っています。中国やベトナムなどの工場でも、日本が指導している工場ならば、均一で同品質で製造できるものが増えています。ただ、時間管理に関しては日本ほど正確な国はありません。正確できめ細やかに対応できるというのは、商品づくりにおいてとても大切なのです。

そして、コンビニの商品開発力が工場とどう関わっていくのかというと〝巨大なロット数〟を保有していることが武器となってくるということです。商品はロット数で売価が決まります。3000個つくるのと、3万個つくるのと、30万個つくるのとでは原価が大きく変わってきますからね。コンビニは店舗数が多いため、大手3社が「1店舗あたり3個売れる」と想定したら、各社のロット数は1・5〜2万店のため、4万5000〜6万個になります。コンビニの店舗数は、商品づくりに向いた大ロット数なのです。

世界の小売業を見回しても、これほどの店舗数を抱えている企業はありません。業界トップの売上高を誇るウォルマートでも、店舗数は世界で1万1300店舗です。これに対し、コンビニは〝国内〟だけでセブン-イレブンが2万1000店舗、ファミリーマートが1万6500店舗、ローソンが1万4600店舗。世界最高峰の店舗数を大手3社が抱えているのです。

コンビニのロット数と商品開発の関係を示す良い例が「中華まん」です。中華まんと言えば、現在は肉まん・あんまん・ピザまん・カレーまんなどが定番です。しかし、コンビニではしばしばエビチリまんやカルボナーラまんといった「変わり種中華まん」が発売されます。

この理由は、コンビニのロット数をもってすれば十分に利益を計算でき、開発可能だからです。ゆえに、売価も100円台を実現できるのです。一方、もしもスーパー1社だけで販売するとしたら、300円や400円で売らないと採算が合わないということが起こりかねません。

また、売場面積の狭いコンビニは、とても早い回転で商品が入れ替わります。1店舗あたりの品揃えは約3000品ですが、1年を経過して定番商品として残るのは3割程度。週1ペースで約100品、年間で約5000品が入れ替わるという超激戦区です。このため、コンビニは商品に対する厳しい目を持っている。これも商品開発をする上で大きな武器となってくるのです。

コンビニは売れ筋商品を生み出せる

２０１９年のコンビニの大ヒット商品は「悪魔のおにぎり」と「バスチー」で、どちらもローソンの商品です。

「悪魔のおにぎり」は、白だしで炊いたごはんに、天かす・天つゆ・青のりなどを混ぜ合わせたおにぎりです。２０１８年10月に発売されると、約11ヵ月でシリーズ累計販売数は５６００万個を突破しました。一方、「バスチー」は表面をこんがりと焼いたバスク風チーズケーキです。２０１９年３月26日に発売されると、わずか３日間で販売数１００万個を突破（11月22日時点で累計販売数３０００万個）。コンビニスイーツの先駆け的存在となった同社の「プレミアムロールケーキ」が発売５日間で１００万個でしたから、当時のブームを超える反響と言えます。

両商品に共通しているのは、どちらも「流行っているものをいち早くコンビニで商品化した」という点です。「悪魔のおにぎり」は、南極地域観測隊が夜食として食べていたおにぎりから着想を得ました。観測隊のおにぎりがテレビで紹介されると、SNSで話題になり、これをローソンがアレンジして商品化したものです。また「バスチー」も、2018年夏頃からバスク風チーズケーキが専門店を中心に人気が出始めていたため、これを食べやすいコンビニサイズとして開発・商品化したものです。

流行に敏感で「どちらもローソンが商品化する前から知っていた」という人からすれば、どこかズルいような印象を受けるかもしれません。しかし「南極地域観測隊のおにぎり」も「バスク風チーズケーキ」も、ローソンのヒットを経て大きく知名度を上げました。これは、紛れもない事実です。

つまり、何が言いたいのかというと、コンビニは流行っているものを〝一気にマスマーケット化（マス化）〟するのが、ものすごく得意だということです。そしてまた、マス化することがコンビニの役割とも言えるのです。

一方、ネット通販はロングテールは得意ですが、マス化は苦手です。このため、商品開発という点では、ネット通販からはプライベートブランド（ＰＢ）のヒット商品は生まれにくい傾向にあります。ＡｍａｚｏｎがＰＢのポテトチップスを開発しても、セブン-イレブンのＰＢのポテトチップスには敵いません。なぜなら、目に触れる機会に大きな差があるからです。

セブン-イレブンにＰＢのポテトチップスを全国２万１０００店舗で販売すると、毎日１店舗あたり１０００人前後のお客様の目に触れるチャンスがあり、全国では２１００万人以上にリーチできます。ところが、ネット通販では自分で調べて自分が好きなものは買えますが、意図しない他ジャンルの商品には触れにくい性質がありますよね。このため、ネットショッピング商品をマス化するのは非常に難しいのです。

〝マスの目線〟で商品開発に臨む

このため、多くのメーカーは大手コンビニ、とくにセブン-イレブンに頭が上がりません。コカ・コーラや日清食品、サントリー、さらには文藝春秋や講談社といった出版社までもが「セブン限定」の食品や週刊誌を出しているほどです。

だからこそ、こうした商品づくりの能力を進化させ、海外を意識した商品開発にも力を注げば、世界のヒット商品をつくることも夢ではないのです。


「マスマーケットの目線」で考えるということは、コンビニに限らず、商品開発に関わる多くの企業にとっても大事です。商品開発となると、つい個性やオリジナリティを求めがちです。しかし、マスに向けたオリジナル商品は非常に難しい。マニアックな商品はマニアックな層にしか売れず、マス化しにくいのです。

コンビニは最初からロットの大きい、生活に密着した商品を売ります。このため、マニアックな層ではなく、マスに向けた商品開発を行います。世界に向けて物を売るならば、マスの目線を意識するべきなのです。


なお、マニアックな商品で成功するとしたら、D2C（Direct to Consumer）です。

D2Cは、自社で開発した商品を自社のECサイトや直営店などで販売し、そこから展開を広げていく手法で、アメリカを中心に流行り始めています。ひと昔前の例で言えば、モンシェールのロールケーキ「堂島ロール」です。当初は自社が直接販売を行っていましたが、人気が出るなかで百貨店などに出店した直営店でも販売されるようになりました。

なぜ、コンビニですぐに類似商品が登場するのか？

ローソンの「バスチー」の大ヒットを受けて、セブン-イレブンは2019年10月8日に「バスクチーズケーキ」を発売しました。実は、業界トップのセブン-イレブンが他社のヒット商品を追従するのは非常に珍しいこと。むしろ、追従されることの方が多いのですが、この事例からも分かるように、コンビニ業界における類似商品の開発は日常茶飯事なのです。

コンビニでヒット商品が生まれると、他社本部からは「すぐに似たような商品を開発しなさい」との指令が下されます。そもそもコンビニ間の商品の違いに関して、専門家は理解しているものの、多くの一般消費者はそれほど気にしていません。同じ業態なのだから、同じ物が売れる。それならば、急いで同じものをつくった方がいいじゃないか……という単純明快な理由です。

商品開発において、コンビニは強い発言権を持っています。このため、メーカーや工場に対して「あの商品よりも美味しい商品を2週間で開発してください。来月には発売したいので」といった要求が通ってしまう。ただ、そんな要求に応えて実際に開発できるのですから、日本のメーカーや工場の優秀さには恐れ入ります。

SECTION 01

コンビニの商品開発事情
問われるバイヤーの手腕

メーカーが悩むコンビニの独占販売
進化を続けるプライベートブランド

コンビニにおける商品開発は「メーカーが持ち込むパターン」と「コンビニが企画するパターン」の2パターンです。

メーカーから持ち込まれる場合は「こんな技術革新ができたので売りましょう」といった提案をされることが多いです。メーカー側からすると、コンビニで販売することができれば、それだけで大きな売上が期待できますからね。

しかし、コンビニに新技術を持ち込む場合、メーカーはある条件を覚悟する必要があります。その条件とは〝コンビニ限定販売〟です。とくに、セブン-イレブンでは限定販売が多い。たとえば、メーカーが「永遠に冷えて、ぬるくならないペットボトル」を開発したとしましょう。これをセブン-イレブンに持ち込むと「ほかの会社には卸さないでください」と言われる可能性が高い。日本トップの店舗数のコンビニで販売できる代わりに、他社には卸さないという制約が生まれる可能性もあります。

一方、2番手以降のファミリーマートやローソンでは「当社の先行販売で、一定期間が過ぎたら他社に卸しても良いですよ」といった条件になることが多い。店舗数トップだけで売る道を選ぶか、店舗数は少ないが他社にも卸せる道を選ぶか、これは、メーカーにとって非常に悩ましい選択なのです。

ちなみに、限定にするか否かの判断は担当バイヤーに委ねられ、会社の決裁を仰ぎます。商品の品揃えは、大手チェーンの看板に紐付きつつ、同時にバイヤーの性格という属人的な面にも紐付いています。もしも、あるコンビニのあるジャンルの商品ラインナップが退屈だとあなたが感じたとしたら、それはバイヤーの責任かもしれないのです。

たばこ売上増に伴いプライベートブランドも増加した

「セブンプレミアム」「FamilyMart collection」「ローソンセレクト」など、いまやコンビニでも定番商品となったプライベートブランド（ＰＢ）があります。お菓子や惣菜、デザート、調味料などの食品から、ティッシュや洗剤といった日用品に至るまで、コンビニ各社で多くのＰＢが開発されています。

コンビニのＰＢが増えた理由の１つは「たばこの売上増加」です。

相次ぐ増税によって、この20年間でたばこの価格は約２倍になりました。また、ｔａｓｐｏが導入された２００８年以降、コンビニでたばこを購入する人が増えました。このため、コンビニの売上に占めるたばこの割合は増え続けていて、いまや売上全体の25％前後をたばこが占めています。コンビニでは、商品の利益率を約30％と想定していますが、たばこの利益率は11％と低い。売上に占めるたばこの割合が増えれば増えるほど、全体の利益率は下がってしまうのです。
そんな背景のなか、日常使いのお客様を取り込みたいという思惑も重なり、コンビニはＰＢの強化を始めました。メーカーの商品（ＮＢ／ナショナルブランド）は利益率30～35％ですが、ＰＢの利益率は約50％。つまり、たばこによる利益率低下をＰＢで補おうとしているわけです。

そのほかの理由として、２０１１年の東日本大震災以降、主婦層やシニア層のお客様にＰＢの魅力が届いたという事象も挙げられます。震災時、セブン-イレブンが被災地に商品供給を行った際、それまでコンビニを利用する機会が少なかった主婦層やシニア層が「コンビニのＰＢが意外と安くて品質も高い」と気がついたのです。

かつてＰＢはＰＢを専門に製造するＯＥＭ工場でつくられていて、品質の向上が課題でした。しかし、現在のＰＢは一流メーカーの工場で生産されている商品が多い。購買層の拡大を担ったＰＢは、震災以降、よりいっそう強化の道を進むことになったのです。

プライベートブランドの功罪

ＰＢはコンビニの利益を支える重要な商品ですが、ＰＢが増えたことによってデメリットも生まれてしまいました。

店内の棚にＰＢが増えるということは、その分だけＮＢを置くスペースが減ってしまうことを意味します。このため、新商品のＮＢが置かれる期間が短くなっています。以前は新商品を仕入れたら、売れ行きが悪くても１ヵ月ほど置かれていました。しかし、現在はわずか２週間で入れ替わってしまうこともあります。ただでさえ激戦区のコンビニにおいて、新商品のＮＢはこれまで以上に定着しづらくなっているのです。

また、ＮＢの割合が減ると、コンビニの魅力である豊富な品揃え感が薄れてしまいます。有り体に言うと、品揃えが退屈になってしまうのです。

さきほどＰＢによって主婦層とシニア層のファンが増えたと述べましたが、実はその裏では男性のコンビニ離れが発生しています。コンビニの売上をアップさせるために大事なのは〝衝動買い〟や〝ついで買い〟です。豊富な品揃えによってお客様の購買意欲を掻き立て、目的以外の商品にも手を伸ばしていただくのです。この衝動買いを最もしていた層が実は男性で、とくに若い男性にその傾向が顕著でした。主婦層やシニア層に比べ、若い男性は財布の紐が緩く、新商品に対する好奇心も強いのです。ところが、ＰＢが増えたことで品揃えが退屈になり、若い男性が減ったと同時に衝動買いも減ってしまいました。

主力客の変化によって、コンビニが日常使いになったのは仕方がないことです。しかし、だからといってコンビニからワクワク感が薄れてしまうのは間違っているとも思います。

「NPB」と「トライアングルPB」とは？

コンビニの魅力を取り戻すため、今後は各社ともに新たなＰＢ開発に力を注ぐ必要があります。それは、私が「ＮＰＢ（ナショナルプライベートブランド）」や「トライアングルPB」と呼んでいる商品です。

NPBとは、PBのようにその店舗にしか置いていないコンビニ限定のNB（ナショナルブランド）です。たとえば、2018年10月、セブン-イレブンはサントリーと共同開発して缶コーヒー「BOSS」の店舗限定商品「セブンプレミアム×サントリーBOSS『セブンズボス』」シリーズを発売しました。既存のブランドイメージにコンビニ限定という付加価値を与え、さらに価格もNBの「BOSS」より安く設定されています。

一方、トライアングルPBとは、コンビニを含めた3社によるコラボ商品です。セブン-イレブンでは、2000年代初頭から札幌ラーメンの人気店すみれと日清食品と共同開発してカップラーメンを販売するなど、早い段階からトライアングルPBの開発を行っています。

また、セブン-イレブンでは冷凍食品においても「蒙古タンメン中本」とコラボ商品を開発するなど、魅力的な商品づくりが目立ちます。近年は冷凍技術の進歩によって味も著しく向上しています。このため、コラボ商品では従来の商品よりも単価を高く設定しても十分な購買が見込めます。

なお、コンビニには商品開発のプロジェクトチームが存在します。1つの商品を開発するために、食品メーカーと原材料メーカー、そして工場などと協力しているのです。一方、それ以外にも、もう少しライトなマーチャンダイジングのチームがあり、同じく原材料メーカーや工場と協力しています。私がローソンのバイヤーを務めていたときも、日本製粉や日本ハム、キユーピーなど5社とチームをつくり、ベーカリーの開発を行っていました。

ファストフードの増加でおでんの味が劣化⁉

ＰＢ以外でコンビニを象徴する食品と言えば、カウンターで販売されているファストフードでしょう。コンビニの売上は、カウンター周りだけで全体の約４割を占めています。たばこもカウンター周りの商品のため、たばこが占める割合は高いですが、ファストフードやコンビニコーヒーは利益を支える大切な主力商品です。というのも、ファストフードは「やまびこ接客」と呼ばれる声掛けによって、商品の売上がアップするからです。購買心理とは不思議なもので、「からあげクン、いまなら1個増量中です！」などと聞くと、普段は買わない人であっても購入する機会が増えるのです。

そもそも、私がローソンに入社した1990年頃は、大手コンビニのファストフードと言えば、「中華まん」と「おでん」が主力。フライヤーを使ったフードは、1986年に誕生したローソンの「からあげクン」のほかには「コロッケ」「アメリカンドッグ」くらいで、ローソンの独壇場でした。しかし、いまや唐揚げ、フライドチキン、フライドポテト、フランクフルト、焼き鳥、魚フライ……など、各社がさまざまなファストフードを展開しています。

この結果、常に何かしらのフードを揚げている機会が増え、元祖ファストフードのおでんに手が回らなくなってしまいました。おでんは手間の掛かる商品で、機器の清掃やセッティング、仕込みだけで1〜2時間を費やします。また、仕込みが完了しても随時つゆを足したり、はんぺんを沈めたりと、手を加えなくてはいけません。近年、「おでんがまずくなった」との声も聞こえますが、それもそのはず。食材の質は向上しているはずなのに、人手不足と業務量アップのWパンチで手間を掛けられなくなったことにより、味が落ちている店舗が増えているようなのです。

しかし、おでんを含めたファストフードは、今後、競合として激しい戦いが起こると予想される「外食」と戦うためにも欠かせない商品です。省人化が課題となっている現在、人手が必要なファストフードは何とも悩ましい存在なのです。

SECTION 02

開発した商品は計730品！豪腕バイヤーの着眼点とは？

商品作りはプロであるメーカーに任せるバイヤーはコンビニの経験と視点を生かせ

私はローソン社員時代の1996年から16年間バイヤーを務め、多くの商品を開発してきました。退職後も、縁あって商品開発に関わらせていただく機会に恵まれ、これまでに手掛けて携わった商品は約730品です。

商品開発を行う上で心掛けていたのは、「商品をつくるのはメーカーがプロ。自分は決してプロにはなれない」ということです。では、私の役目は何かというと、〝お客様のニーズを伝え、メーカーの知見をどう用いるかを考えること〟です。「コンビニのお客様がどのような商品を求めているのか」という点に関しては、現場主義だった私は、手前味噌ながら同業者のなかでもプロ中のプロだという自負がありました。

あとは、商品パッケージに関してもコンビニはプロです。というのも、コンビニは瞬買だからです。お客様の多くは、目に入った商品を一瞬で買うか否かを判断します。だからこそ、目に触れた瞬間、印象に残るようなパッケージを提案します。

実は本書の表紙も、編集者さんやデザイナーさんと打ち合わせを重ね、僭越ながら私からもいろいろ提案させていただきました。私は本のプロではありませんが、パッケージづくりでの経験値があります。今回は、デザイナーの井手さんの提案で、化粧品のパッケージを意識して、本体は飾っておきたくなるように。帯にはアテンションシール風のマークをたくさん付けて購買者に訴求する。という手法を取ったのです。

代表作は「化粧惑星」と「AD《アド》ティッシュ」

コンビニ時代に開発に携わった商品のなかで、私の代表作とも言えるのは「化粧惑星」と「AD《アド》ティッシュ」です。

「化粧惑星」は、資生堂との共同開発によって誕生したコンビニ専売ブランド。2001年の発売以降、コンビニコスメの代名詞的な存在となった大ヒットブランドです。開発に至るまでのいきさつは、第3章のP．205で紹介しているので、そちらも御一読ください。

「ADティッシュ」は、王子ネピアのボックスティッシュに広告を載せた商品です。ボックスティッシュのパッケージをそのまま広告にするというアイデアで、広告費は約180万円。当時としては安い価格ですが、実は雑誌の内部ページの広告費とほぼ同価格に設定したのです。

「雑誌に広告を載せたら、読者がそのページを開いたときにしか目に入りません。

しかし『ADティッシュ』ならば、店頭に置かれているだけで目に入り、屋外の看板広告より目に触れる機会もコンビニは店舗数が格段に多い分増えるのです。さらに購入者の家にも、デスクの目立つ場所にも1～2ヵ月ほど置かれます。これで180万円は、実に安い広告費だと思いませんか？」

当時、このような口説き文句で、ユニバーサル・スタジオ・ジャパンや日産自動車など多くの大手企業・商品の広告が集まりました。実際、「ADティッシュ」でキャンペーンを告知したフジボウアパレルは、ほかに出したどの広告よりも、この「ADティッシュ」からの流入数が多かったという結果が出たそうです。

ハンカチフィーバーに最速便乗！

また、商品開発はスピードが命です。

ローソンの「悪魔のおにぎり」や「バスチー」も、流行の兆候を敏感に察知し、いち早く商品化したことによって同業他社を差し置いて一人勝ちしているのです。

このように「流行る！」と確信したら、どこよりも早く開発・販売へと漕ぎ着けるのがヒットの近道です。

1990年代後半、当時カリスマ的人気を誇っていた安室奈美恵さんが「タトゥーアクセサリー」を身に着けていたことがあります。タトゥーアクセサリーとは、細いテグスを編み込んだ装飾品で、チョーカーやネックレスとして身につけると、タトゥーのように見えたことからこの名称で呼ばれました。

そんな折、このタトゥーアクセサリーを低価格で販売しようと画策する業者がいました。当然、すぐに契約してローソンで販売したところ、若い女性を中心に計100万個が売れたのです。たしか価格は380円前後で、製造原価は20円未満だったはずなので、あの業者はかなりの黒字を記録したことと思います。

一方、2006年の夏に販売した「青いハンカチタオル」も印象深い商品です。この年の夏、全国高等学校野球選手権大会を制したのは、西東京代表の早稲田実業でした。甲子園の話題をさらったのは、同校エースの斎藤佑樹投手（現北海道日本ハムファイターズ）です。端正な顔立ちと、マウンド上で青のハンカチタオルを使って汗を拭《ぬぐ》う姿が注目を集め、「ハンカチ王子」の愛称で空前の大フィーバーが巻き起こりました。

その人気ぶりは、彼が使用していたハンカチタオルにも及びます。当時、似たような青いハンカチの売上が急増したのです。彼が実際に使用していたのは、ニシオというメーカーの商品でしたが、当時はすでに販売終了。そこで私は、ニシオに協力を仰いで斎藤投手が使用していたハンカチタオルとよく似た商品を採用。「あのニシオがつくった青いハンカチタオル」として販売したところ、在庫3万個が瞬く間に完売しました。

なお、早稲田実業が優勝したのは8月21日のことで、ローソンで同商品を販売したのが9月15日です。ブームから1ヵ月も経たずに商品化に漕ぎ着けたのは、我ながら凄まじいスピードだったと思います。

「何の商品か」すら消費者に伝わらず失敗したことも

多くのヒット商品に恵まれましたが、もちろん失敗に終わった商品もあります。

2006年、サンスターとトレインとで共同開発した「エコパーソナルシャンプー」は、まったく売れませんでした。

当時、エコ商品のアイデアを練っていた私は「ボトルを使わない新しいタイプのシャンプー」を思いつきました。「inゼリー」（森永製菓）のような、ゼリー飲料が入った容器を「チアパック」と呼びますが、このチアパックにシャンプーを入れたのです。さらにチアパックに紐を付け、シャワーフックから吊せるようにすれば、コンビニに多い一人暮らしのお客様にとって使い勝手もよく、使い切ったらかさばらずに捨てられるエコ商品になるのでは、と。

「これは売れる！」と信じて販売しましたが、結果は惨敗でした。ポップによる宣伝やプロモーションが不足していたのか、そもそもこの商品がシャンプーであることすらお客様に伝わらず、まったく手に取ってもらえなかったのです。

「スペックと味」を両立させた奇跡のプロテインバー

現在、コンビニでは高齢者のお客様が多く、品揃えも少しずつ高齢者向けにシフトしています。ターゲットが偏ると、コンビニの開発商品の幅も狭まってしまうように思われがちです。でも、もう少し視野を広げて考える必要があります。

2018年12月17日、UHA味覚糖と開発した「SIXPACK プロテインバー（以下、SIXPACK）」という栄養補給食品が発売されました。監修をお願いしたのは、メディアでは骨格筋評論家の「バズーカ岡田」でお馴染みの岡田隆先生（日本体育大学准教授／理学療法士）です。

同商品の特徴は、1本で「たんぱく質20グラム、脂質7グラム、糖質7グラム」の高スペックを実現したことです。1日に人間が必要とするたんぱく質の摂取量は、体重1キログラムに対して約1グラム。つまり、体重60キログラムの人ならば、60グラムを摂取する必要があります。ダイエットや偏食により、現代人のたんぱく質摂取量は減少傾向にあります。

こうした現代人のため、たんぱく質の補給を目的とする類似商品はこれまでにも多く発売されています。しかし、いずれもたんぱく質15グラム前後に対して脂質や糖質が10グラム以上含まれている。目的とは関係ない不必要な栄養素を必要以上に多く摂ってしまうため、栄養補給食品とは言いづらいのです。たんぱく質が多いと粘り気のある食感になるため、多くの類似商品は食べやすさを優先し、糖質や脂質を増やしていました。

そんななか「ＳＩＸＰＡＣＫ」は高スペックを実現した商品です。味においても開発段階で幾度となく改良を重ねた結果、「この含有量でこの食べやすさを実現したのは奇跡」とまで言われるレベルに達しました。あまりのスペックの高さから生産体制が追いつかず、当初はコンビニに卸すことができなかったほどです。

発売から1年近く経ち、２０１９年10月に無事に生産ラインにも乗ったことで、ようやく「ＳＩＸＰＡＣＫ」はコンビニやドラッグストアでも本格的な販売がスタートしました。コンビニでの販売では、購買層の中心は男性かと思いきや、なんと女性が半分近くも占めています。「プロテイン」と聞くと筋肉などを連想しがちですが、実は日本語で「たんぱく質」のこと。肌質や髪質を保つ美容面での効果もあるため、女性にも嬉しい食品なのです。

また、健康維持や成長にも欠かせない栄養素なので、今後はシニアやキッズにもリーチする展開が期待できます。このように、真剣に品質を追求した結果、老若男女へと幅広く届く商品が生まれるのです。「シニア向けの商品を考えないと」などと自ら視野を狭める必要はありません。コンビニの商品開発においては、引き続き俯瞰した〝マスの視線〟が重要なのです。

ちなみに「SIXPACK」は、コンビニでは「カロリーメイト」（大塚製薬）や「1本満足バー」（アサヒグループ食品）と同じ棚に置かれています。私はこの売り場は「新商品が出にくいジャンル」だと思っています。商品改廃も少ないため、一度、棚に置かれれば、カップ麺やスナック菓子、アイス、ジュースなどの激戦区とは異なり、売れ行きが芳しくなくても半年間は入れ替わらないのです。

私は「ＳＩＸＰＡＣＫ」で「カロリーメイト」の牙城を崩そう、といった大ヒットは考えていません。コンビニの棚に置かれ続けることこそが狙いであり、地道に残って売上を取る。そんな巧妙な戦略に基づいた商品開発だったのです。継続販売が続くと良いのですが。

なお、私が開発に携わったコンビニ販売商品のなかでも、いまなお現役バリバリの売れ筋商品は、エステティックＴＢＣの「ファミリーマート限定シート」シリーズです。とくに男性用の「フェイシャルシート」は、発売から1年半（２０１９年12月現在）でシリーズ累計販売数１００万個、「ボディシート」は74万個の大ヒット商品になっています。

メンズ用にもかかわらず、女性バイヤーとＴＢＣの女性マーケッターが中心となったプロジェクトで、「美容意識の高い男性は、シートの香りやパッケージなど女性の目を気にする」という調査から「女性が恋人や夫に望むこと」を主眼において

著者：渡辺広明氏が、近年、商品開発に携わったヒットアイテム

MEN'S TBC　男の唇エステ

シックなデザインを心掛けて開発。ファミリーマート、アピタ、ピアゴで限定販売。

UHA味覚糖 SIXPACK プロテインバー

バズーカ岡田先生監修の栄養補給食。女性にもウケるという確信を込めて開発した。

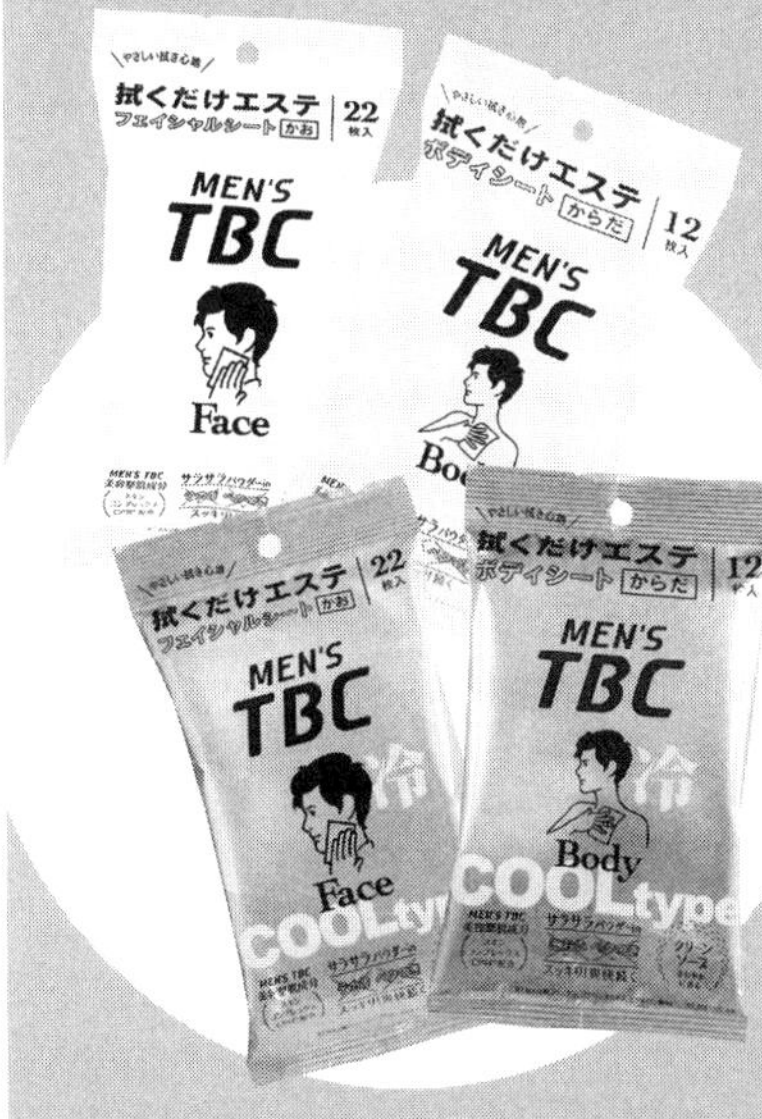

MEN'S TBC　拭くだけエステ

男の人に持っていてほしいという女性目線をコンセプトとしたファミリーマート限定商品。

エステティック TBC ボディシート

ファミリーマート限定。シースルーで内装が透過して見えるやわらかいイメージを表現。

開発したのです。

また、カップルで相手方の使っているコスメを使い合う「シェアドコスメ」も流行っており、ジェンダーレスな時代の到来も感じるヒットとなりました。

「カスタマイズ化」と「パーソナライズ化」が進む

社会全体のトレンド予測をするならば、今後の日本は「カスタマイズ化」や「パーソナライズ化」がより顕著になっていくでしょう。

人間のニーズを追求していくと、行き着く先はパーソナライズです。アパレルで喩《たと》えると分かりやすいかもしれません。服、靴、腕時計、アクセサリー、すべて自分が良いと思ったデザインを加えていくのがカスタマイズです。そして、最終的に欲求を満たすならばフルオーダーメイドで、これがパーソナライズです。ほかの商品でも、アパレルのようにカスタマイズ化とパーソナライズ化が進んでいくと思うのです。

でも、パーソナライズ化はお金が掛かってしまうので、マスとして流行るものというのは、安く購入できるものでカスタマイズしていくのです。２００７年「クロックス」のサンダルが流行した際、ピンバッジを付けてアレンジする若者が増えましたよね。あのような広まりが、多くの商品でも展開されていくでしょう。

そうなると、顧客データの見方も変わってきます。全体分析からブームを予測することも大事ですが、個人に対してどのような商品が好まれるのかという視点も重要視されてくるはずです。「個人を深掘りすると、こういうパターンに向かう人が多い」といった分析の仕方が増えていくと思います。

コンビニにおいては、すでに中食のカスタマイズ化が始まっています。弁当の購入者が減り、「おにぎりとサラダとファストフードとデザート」など、さまざまな組み合わせを自由に選ぶお客様が増えています。カスタマイズして食を楽しむ。そんな場所としてコンビニは今後も期待できるでしょう。

第3章

店長時代～現在まで 実話！ 渡辺広明のコンビニ物語

SECTION 01

店内に噴煙！店の横がヤバめな道場⁉「暴走族」や「暴力団員」の来店

コンビニはどんな方でもウェルカム

コンビニには、本当にさまざまなお客様がやって来ます。接客においては区別・差別をしないのが原則で、「お客様は神様です」とまでは言いませんが、誰に対してもしっかりと対応するよう指導されていました。

私が店長だった1990年代前半は、チーマーやカラーギャングの黎明期。つまり、まだヤンキーと呼ばれる不良少年たちの方が多かった時代で、暴走族なんかも元気に走り回っていました。彼らの活動時間は夜間が中心ですから、24時間営業のコンビニは絶好の溜まり場だったわけです。

私が勤務していた店舗もご多分に漏れず、暴走族の集合場所でした。リーゼント頭のニイチャンが、店内のコピー機でせっせと集会の案内を印刷するんです。こちらは許可していないのに、勝手に集合場所にうちの店の名前を書いて「夜8時に集合！」というビラを仲間に配ってしまう。

このため、暴走族が買い物に来ることも多かったんですが、たまに釣り銭で揉《も》めることもありました。その場では普通に会計を済ませ、あとになってから「オイ、さっきの釣り、500円足りなかったぞ！」と、嘘のクレームをつけてくる。当然、そんな間違いはないので断ると、駐車場に戻ってバイクに跨《また》がり、再び入口に近づいてくる。そして、バイクのケツを入口に向けると、そのまま爆音で空吹かしして、店内に噴煙を撒き散らしてくるんです。

でも、「やめてください」と言えば普通にやめてくれるし、それ以上のことはしてこない。店内で暴れて何かを壊すようなこともなかった。結局のところ、ポーズなんです。現代でも、自分のヤンチャな行動を動画に撮って、SNSでアップしてワル自慢する若者がいるじゃないですか。アレと同じで、あくまでも「俺はこんなことしちゃうんだぜ? スゲーだろ!」という、仲間に対するパフォーマンスなんですよ。

実際、集団のときは私に対して「テメー、この野郎!」のノリだったけど、街で一対一のときに会うと、「あ、店長、コンニチハ!」と、ものすごく丁寧に挨拶してくる。集団ならではの気が大きくなる心理というか、まぁ微笑ましかったですね。

きちんと話せば分かってくれる

また、別の店舗ではお隣さんが「暴力団の道場」だったこともありました。暴力団の道場って何だ? という話ですが、ようするに新入りの研修施設です。彼らの世界でも、シノギをする上で礼儀は大切。でも、チンピラ上がりの新入りは態度が大きいので、暴力団の世界で生きていくための常識や礼儀を道場でイチからたたき直すらしいんです。

彼らもよく来店しましたが、最初のうちは偉そうな態度で接してくるものの、1週間ほど経つと礼儀正しくなってくる。暴力団の世界にも、人材育成というものが存在するんだなと興味深かったです。

ただ、暴力団員から「毎日、店の前を掃除してやってるから」と〝みかじめ料〟を要求されたこともあります。でも、私も店舗前の掃除を毎日していて、ついでに道場前を掃除することもあったので、それを理由に「だったら、私にもみかじめ料をください」と返したら、「じゃあいい」とチャラになりました。まぁ、相手からしたら、ただの冗談だったのかもしれませんけどね。

一方、こちらのミスでクレームを受けることもありました。アルバイトが弁当の箸を入れ忘れたとき、道場から電話が掛かってきて「いますぐ箸を持ってきてくれ」と。我々の不手際ですから、バックヤードに用意していたスーツに着替え、私が箸を持って伺いました。ところが、私の姿を見るなり「バカ野郎、スーツで来るな！」と怒鳴られてしまった。どうやら、監視カメラでスーツ姿の私を見て、敵対する構成員の〝出入り〟と勘違いしたそうです。

ちなみに、この店舗があったエリアは、非指定団体も含めて40団体ほどの暴力団や外国マフィア系が点在する激戦区だったそうです。しかし、幸いと言っていいのか分かりませんが、隣の道場は全国でも有数の指定暴力団。そのおかげか、少なくとも私が店長をしていた期間、店舗付近で抗争などに巻き込まれたことは一度もありませんでした。

SECTION 02

1000円貸したら月3万円の損!?「ホームレス」に親切にしたら……?

困っているのだからと、廃棄食品をあげてしまうと……

さきほど「コンビニの接客において区別・差別をしない」と書きましたが、どうしても区別せざるを得ないのがホームレスの人々です。

なぜかというと、お風呂に長期間入っていない人が多いので、店内に何とも言えないニオイが充満してしまうからです。お客様を平等に扱えと言われても、他のお客様の買い物環境に配慮して長時間滞在しないよう、お声掛けすることになります。

また、ホームレスが狙う廃棄食品のゴミ出しにも注意しなくてはいけません。食品ロスについては第1章でも説明しましたが、コンビニでは毎日10～15キロ前後の食品を廃棄しています。彼らは、廃棄する時間帯を把握しているので、その時間が近づくと、ゴミ捨て場にどこからともなくやってきて、遠巻きにこちらの様子をうかがっているんです。
「食事に困っているのだから、あげてもいいじゃないか」と思う人もいるでしょう。しかし、彼らは持って帰った先で食い散らかして、容器をその辺に捨ててしまう。そうなると、店舗側の責任が問われてしまうんです。このため、ホームレスが多いエリアの店舗では、弁当をはじめとした食品をすべて開封し、中身を出してから廃棄するようにしていました。

しかし、ときには彼らに協力してもらうコンビニ店員も当時はいました。かくいう私がその一人でして、どのようにしたかというと〝ダンボールの処理〟です。コンビニでは大量のダンボールが出ますが、業者に回収を頼むと、当時月3万円くらい掛かっていました。ところが、神奈川県の某店で店長をしていたとき、ダンボールを回収してくれるホームレスがいました。大洋ホエールズの野球帽を被ったオッチャンで、3日に1度、必ずやってくるんです。

彼らにとって、ダンボールは家や寝床として使えたり、引き取り業者に販売できたりする貴重な資材です。こちらとしても無料で処分できるのだから「こりゃラッキーだな」程度に考えていました。そんなある日、この大洋帽のオッチャンから「金を貸してくれ」とお願いされました。どうしてもお金がない。1000円でいいから貸してくれ、簡易宿泊施設に泊まるためにと。1000円だったらいいかと貸したら、二度とコンビニに現れなくなってしまったんです。

お金を返すあてがなくて、気まずくなったのかもしれません。でも、こちらが困ったのはお金よりもダンボールです。それまでオッチャン頼みだったので、どんどんダンボールが溜まっていく。結局、2週間待ったところであきらめて、月3万円を払って業者に頼むことにしました。

結果的に、たった1000円を貸したことで、月3万円の出費が掛かるようになってしまったわけです。現在は、どこのコンビニでも業者に回収を頼んでいるはずですが、当時は店舗やチェーンによってバラつきがあったんですね。

SECTION 03

新聞一面で報じられた「1円納品事件」

中内イズムを心に刻み、とことん頑張った！

みなさんは「優越的地位の濫用」という言葉をご存じでしょうか？

簡単に言ってしまえば、「これからも我が社と取引したいだろ？　じゃあ、あなたの会社には厳しい条件だけど、この条件をのんでもらわないと取引はしないよ」と、立場が上であることを利用して、取引相手に不当に不利益を与える行為です。

優越的地位の濫用は、独占禁止法によって禁止されています。過去の適用事例をネットで調べると「ローソン事件」や「1円納品（納入）」などの文言が見つかるかと思いますが、もったいぶらずに先に言いましょう。

所属する日用品部の部長に指示され、この「1円納品」を実行したうちの1人が私です。

では、なぜ私が1円納品を行うに至ったのか？　当時の私の背景も含めて説明していくことにします。

店長を3年半務めたあと、私はスーパーバイザー（SV）を経て商品部のバイヤーになりました。もともと私は現場主義の人間で、店長という立場にこだわっていました。激務のなか、本部の社員たちに対して「夜に寝ている連中なんかに負けてたまるか！」と闘争心を燃やしていたんです。

当時、バブル期の人手不足で、新入社員は店長を半年から1年ほど務めてSVになるのが一般的でしたが、2年を過ぎてもオファーがなく、ヘソを曲げていた私はその後打診されても断り続けていました。しかし、いよいよ3年半が経ち、同期で店長を続けているのがほぼ私だけとなり、説得されてSVになることを決めました。

SVは、7店舗前後を担当して運用する仕事です。しかし、基本的には経営コンサルというより、本社の施策や商品の発注を促す伝言係。多数のSVは「自分が考えて動こうとしても無駄だ」とあきらめていました。そんななか、やる気満々の私は、週に1回の販売仕入会議において本部からの連絡事項を受ける際にも、なるべく前列に座り、毎回のように質問攻めです。「何でこんな商品を採用するんですか？」「店で売れませんよ？」「現場のこと分かってないんじゃないですか？」

本部からすればウザイですよね。そんな質問を繰り返していたら、「じゃあ、お前がバイヤーやってみろ」と言われ、バイヤーを務めることになったんです。

ところが、いざバイヤーになってみると、勝手も違うしオトナの事情も多い。最初の1年間はまったく上手くいかず、本当に悔しかった。それでも、先輩たちに必死で教わりながら仕事を憶えていきました。

当時のローソン商品部には、バブル期まで流通業に君臨していたダイエーの血が流れていました。80年代、ダイエーがGMS（総合スーパー）のトップだった時代に、食品・家電・アパレル・文具・玩具をはじめとしたあらゆる商品を日本で一番売りまくっていた者も多かったのです。そのイケイケのバイヤーがローソンに乗り込み、ダイエー流を持ち込みました。もともとメーカーと小売りの関係は、圧倒的にメーカーの方が強かったのです。しかし、ダイエー創始者で流通王の中内㓛さんが、メーカーと戦って小売りの地位を上げていきました。そんな中内イズムを受け継いだ人たちに、私は教わっていたんです。現在、私が独立して仕事ができているのも、この先輩たちのおかげだと思っています。

そして、バイヤーとして2年目を迎えた1998年のこと。

小売業界は2月決算が多く、ローソンも同様です。2月の決算を控え、会社は利益を出す必要があり、また、親会社のダイエーが業績不振なこともあって、その役目の中心をローソンの商品部が担っていました。各自に途方に暮れる予算が割り当てられます。厳しい数字なので、みんなギブアップしますが、負けたくないから私は絶対あきらめないと決めていました。コンビニ人として、スーパーから乗り込んできた人に負けたくなかったのです。その分だけ、期末が近づくと、予算を達成した私の予算はさらに増えていったのです。

上司のアイデアで利益UPの秘策が

では、どのようにしてお金を集めるのか？　決算リベートや販促協賛金、そして極めつきが1円納品です。

商品には原価がありますよね。原価70円で仕入れて100円で売れば30円の利益で、原価50円ならば50円の利益となります。当然、原価が安ければ安いほど利益は増えます。問題になった1円納品とは「いやいや、50円とか70円とかいいから、全部1円にしてよ」という、とんでもない要求なのです。

このとき、所属する日用品部の1円納品の予算が26億円で、その半分の13億円を私が任されました。

コンビニは、フランチャイズオーナーが発注権限を持っており、食品とは違い、マイナーな日用品の全店舗に対する発注カバー率は約半分ぐらいなのが一般的でした。1個だけ1円納品すると発注カバー率が100%に近づき、継続販売をする店は追加発注をしてくれて、1年単位で取引を見ればメーカー側にも利益があるのでは、という考え方でした。

断っておきますが、これは私のアイデアではなく上司のアイデアです。ただ、実行したのが私などバイヤーだったんです。私の担当である日用品の主要納入業者、約70名を西船橋の会議場に一堂に集め、1円納品を要求し、その場で応じるかどうかをアンケートで迫りました。取引先はローソンとの取引継続を望んでいるので、断るわけにはいかない。これが、1円納品の真相です。

たとえ会社のためにでも絶対やってはいけないこと

こうして予算は未達ながら、会社が納得する金額交渉を為し得たわけですが、その日は唐突にやってきました。

4月16日、いつも通り出社すると、ダンボールを持った見慣れぬ男たちが大勢いました。公正取引委員会です。

（公取かぁ。米飯系担当は取引先への当たりも強いのであり得るなぁ）

などと他人事のように眺めていたら、公取が入ったのは自分の所属する日用品部だった。優越的地位の濫用でローソンに排除勧告が出されたのです。排除勧告とは「その行為を速やかにやめなさい」という行政処分です。対象となった行為は私だけではありませんが、一番お金を集めていたのが私で、1円納品が新聞の一面で報じられてしまいました。公取の間では、いまだに「1円13億」と書かれた私のファイルが語り草になっているそうです。

その後、私は社長を含む経営陣に呼ばれ、取り調べに対してどう応じるべきかの説明を受けました。会社の将来を鑑み円滑に継続させるための言い回しなどの相談です。そして、デリケートな部分の表現に細心の注意を払い、12日間にも及ぶ取り調べに臨みました。ローソンが好きだったので、できる限り会社を守ろうと思ったんです。

ところが後日、社長はこの事件について「一部若手社員の勇み足だった」と新聞に発表しました。怒って社長に直談判しましたよ。若手社員とは自分のことか？　上司の命令に従っただけじゃないか。会社存続のためにという理由は分かる。でも、それなら、せめて発表する前にその内容を私たちに知らせるべきだろうと。結局、全社会議で社長が謝罪してくれたので、それで手打ちにしましたけどね。

あとは社内の雰囲気も嫌でしたね。それまで、大金を集めたことに対して「よくやった！」とどちらかというと好意的な目が多かった。しかし、事件が大々的に報じられてからというもの「やり過ぎだったんじゃないか？」といった批判的な声に大多数が変わりました。四面楚歌です。情けないことに、こうした状況になって初めて気がついたんです。そうか、たとえ会社の命令だったとしても、社会的にやってはいけないことは、やったらダメなんだと。そんな当たり前のことにも気づけないほど、当時の私は頭のネジが外れていたのです。

この1円納品の話は、いまだにローソン商品部の研修で「バイヤーとして絶対にやってはいけないこと」の代表例として説明されているそうです。

SECTION 04

コンビニにエンタメ商品を！「ミニテトリス」100万個販売

流行りのものは見逃さない！

そんなこんなで、取引先を中心に、周りから「集金マシーン」などと呼ばれていた私ですが、お金集めと並行して、ちゃんと商品部のバイヤーとしての仕事もしていました。その1つが新規エンタメ商品の導入です。

当時のコンビニは「定価販売だけど深夜でも営業しているから、いざというときに便利」という〝緊急購買〟の位置づけでした。しかし、私は緊急購買以外の売り場づくりも必要だと考えていました。その上で、エンタメ商品の充実は欠かせない要素だったんです。

そんな折、流行の兆しを見せていたのがミニテトリスです。

1996年、「みに・テトリン」というキーホルダータイプの小型ゲーム機が発売されました。いわゆる〝落ちゲー〟の元祖「テトリス」と同内容のゲームが内蔵されていて、これが若者を中心にブームとなりました。類似商品も続々と登場し、これら小型ゲーム機の総称がミニテトリスというわけです。

私は、このミニテトリスをローソンでも扱うことに決めましたが、販売するにあたって、ひとつ問題がありました。というのも、ミニテトリスって「テトリス」の〝パチモノ〟なんですよ。当時、ローソンは任天堂と組んでゲーム機を売ろうという取り組みを行っていた時期で、「テトリス」は同社が販売権を持っていました。そんな状況下でローソンが「テトリス」のパチモノを売るなんて、任天堂としては看過しがたい話ですよね。でも、そこは任天堂担当の上司が掛け合ってくれて「まったく別の名前で売るから見逃してくれ」と話がまとまったわけです。

売れるものは売る！

かくして、ローソンでは「スペースパニック」という商品名で当時の取引先と協力してこの通称ミニテトリスを販売することになりました。結果は、なんと年間100万個を売り上げる大ヒット！　1996年、通称ミニテトリスは国内で約600万個が販売されたそうなので、そのうち6分の1をローソンが占めていたことになります。担当した商品で初めての成功でもあり、非常に思い出深い商品の1つとなりました。

なお、「スペースパニック」は中国から輸入していましたが、当時の海外工場は、現在と異なり品質も悪かったのです。電池の接触不良などが起こり、ローソン本社にもクレームが寄せられました。このため、一部の社員から「こんな商品は売るな！」と圧力を掛けられたこともあったのです。でも、私は販売を継続することを選びました。問題を無視したわけではありませんよ。不良品に対しては返品交換を行っていましたし、不良品の比率も許容範囲だったと憶えています。

些細なトラブルが見つかるたびに商品そのものを撤去していたら、売り上げは一気に落ちてしまう。でも、そんなのバカらしいし、もったいないじゃないですか。人体に影響する商品であれば話は全く違いますが。だから、狂信的な一部社員の圧力を回避するため、私は会社に行かずに現場を回っていました。当時は携帯電話も電子メールも一般に普及していなかったので、会社に顔さえ出さなければ連絡もつきません。面倒な小言や文句から簡単に逃げられる時代だったんですよ。

それに、ダイエー創業者の中内㓛さんは、日頃から「革新的なことをやれ」と仰っていました。コンビニのバイヤーだった私にとって、通称ミニテトリスの販売はまさに革新的なことだったと思います。

なにしろ、90年代半ばまで、コンビニに置かれていた玩具と言えば、シャボン玉や水鉄砲など。300円程度の雑玩具がたまにしか売れないなか、通称ミニテトリスは1980円で100万個も売れたんです。玩具の売り上げ利益は前年比560%に跳ね上がり、この成功が「たまごっち」や「ポケモングッズ」など、その後のコンビニにおける玩具・エンタメ商品の販売・定着へとつながっていったのです。

SECTION !05

密輸さながらの手口!?「たまごっち」極秘販売

危険を伴う「たまごっち」の配送

通称ミニテトリスの大ヒット以降、キーホルダータイプの小型ゲーム機が多く登場しましたが、何と言っても代表的存在はバンダイの「たまごっち」です。

一言で説明すると「ペットを育てるゲーム」ですが、女子高生を中心に人気に火が点き、最終的には大人たちをも巻き込むほどの社会現象となりました。販売数は日本国内だけで2000万個（1996〜1998年に発売された第1期シリーズ）、全世界で計4000万個ですから、600万個の通称ミニテトリスが大ヒット商品ならば、「たまごっち」は大々々ヒット商品なんです。

私は、そんな「たまごっち」をコンビニでは唯一、ローソンだけで販売することに成功させています。

第一弾の販売は1996年11月で、このときは6万個がすぐに完売しました。その人気ぶりをメディアも大きく報じたことで、バンダイ本社には連日問い合わせの電話が殺到していたそうです。そんななか、第二弾の発売が1997年3月末に決定しました。出荷数は約30万個。このうち、ローソンだけで1割以上の3万6000個を私は確保できたんです。

超狂想曲とも言える状況下で、なぜ3万6000個も確保することができたのか。その理由として大きく2つが挙げられます。

ひとつは「問屋の変更」です。バンダイの関連会社にハピネットという問屋があって、先方的にはコンビニ流通を開拓したい思惑がありました。当時、ローソンでは、玩具に関しては小さな問屋しか使っていなかったので、バーターとして今後ハピネットを使うので、ということを交渉条件にしたんです。

そして、もう1つは「ローソンの全国展開」です。当時、コンビニで全国47都道府県に出店していたのはローソンだけでした。「たまごっち」のブームを加速させるならば、「全国各地で同時に販売できるローソンは大きなメリットですよ」と交渉したんです。ちなみに、この「全国で同時に販売できるコンビニはローソンだけ」という口説き文句は、バイヤー時代の私が幾度となく使った強力な武器なのです。

こうして「たまごっち」を確保したわけですが、次の問題は配送手段です。なにしろ、恐喝や詐欺などの事件も起こったほどの超人気商品ですから、「ローソンが『たまごっち』を販売する」という情報が外部に漏れれば、大袈裟ではなく配送のトラックが狙われる可能性がありましたし、店頭にお客様が殺到してパニックになる恐れもありました。

そこで、念には念を入れて「たまごっち」を〝弁当など中食を運ぶ便〟に隠して各店舗に配送する方法を選びました。配送は中食と、加工食品・日用品で別の便に分かれていて、本来ならば「たまごっち」は加工食品・日用品の便です。しかし、運んでいる配送業者にも「『たまごっち』を積んでいる」とバレないようにするため、徹底的に情報を隠して中食便で配送させたんです。セキュリティの関係もあり、深夜ではない朝の便があったのもポイントです。

今話題の無断発注なのか!?

当時のローソンは全国6000店舗ですから、各店6個ずつ、茶色い封筒に包んで中食便にこっそりと入れました。まるで密輸か何かの手口みたいですよね。別に悪いことをしているわけでもないのに……いや、いまとなっては1つだけ悪いことも行っていました。それは、オーナーにも無断で「たまごっち」を納品したことです。2019年9月、セブン-イレブンの本部社員がオーナー不在時におでんを無断発注していたことが発覚し、問題になりましたよね？　本来、発注権はオーナー側にあり、本部が勝手に納品することはできないんです。

しかし、このときはダメだと分かっていながらも無断で納品しました。なぜなら、絶対に3万6000個が完売すると確信していたからです。事実、結果は瞬売で、一部は返品も覚悟していましたが、店舗からの返品も起こりませんでした。ただし、オーナーが6個すべてを買い取ってしまい、お客様に届かなかった店舗も発生してしまったので、そこは残念でした。

このように、配送も発注もイレギュラーだったため、強行するにあたって運営の責任者を口説く必要がありました。どうやって口説いたかというと、責任者に「たまごっち」を見本・サンプルとして手渡したんです。「たまごっち」を極秘配送するための〝こんな策略〟からも、当時の「たまごっち」ブームがいかにすごかったか、うかがい知れると思いませんか？

なお、ここまで徹底したにもかかわらず、やはり情報は漏れていました。一部の配送車が、怪しげな男性が乗るバイクに執拗に追跡されるという事態が発生したんです。後日、オーナーやSVから「危ないじゃないか！」と怒られましたが、個人的には大手柄だったと思っています。だって、セブンでもファミマでも扱っていない「たまごっち」を、ローソンだけが販売し、3万6000個を瞬売させたんですよ？　ただ、もっとしっかり隠す方法があったのかもしれないという点では、反省しています。

SECTION 06

大フィーバーから一転！「ポケモンショック」で2億円分の在庫

毎日が「ポケモン」中心の生活

「スペースパニック」と「たまごっち」の相次ぐ成功により、「コンビニでもエンタメ商品が売れる！」との気運が高まるなか、続いて私が担当したのが「ポケットモンスター（以下、ポケモン）グッズ」の販売でした。

いまや誰もが知っている「ポケモン」ですが、任された当時は一部の人たちだけに流行っていたカードゲームコンテンツだったのです。私にとっては、ピカチュウすらも「なんだ、この黄色いネズミは？」といったレベルでした。

正直、乗り気ではありませんでしたが、「ポケモングッズ」はダイエー創業者である中内㓛さんの紹介案件です。というのも、当時は「ポケモン」のトレーディングカード（ポケモンカードゲーム）をメディアファクトリーが扱っていて、メディアファクトリーの親会社（当時）であるリクルートは、ダイエーの系列下にあったのです（※註：その後、メディアファクトリーはポケモングッズから撤退。またリクルートもダイエー傘下から外れている）。

上からの命令とあれば、従わなくてはいけないのがサラリーマンのツラいところです。しかし、いざ販売すると「ポケモンカードゲーム」がめちゃめちゃ売れたんです。それこそ「たまごっち」並みの売れ行きで、商品供給も追いつかない。ローソンとイトーヨーカドーくらいでしか手に入らないような状況でした。

「ポケモン」人気が高まるにつれて、カード以外の関連グッズも続々と登場します。そこで、新たに上司から下った命令が「ポケモンコーナーを作れ」でした。全店に供給できるほどの商品数がなかったので、全国500店舗を選択して設置することが決まりましたが、会社は「2週間で作れ」と平然と無茶を言ってくる。仕方ないから、取引先の皆様に協力を仰ぎ、何とか期間内にポケモンコーナーを設置することができました。

それからというもの、私の毎日は「ポケモン」が中心でした。ピカチュウ以外のどのキャラクターが人気なのか分からないので在庫管理も難しいし、同時進行でお金も集めなきゃいけない。さらに、当時は子ども向け番組の『おはスタ』（テレビ東京）でポケモングッズの売れ行きランキングを発表していて、そのデータも私がテレビ局へ送っていたのです。私にとって、1997年はポケモン地獄と言っても過言ではなく、早くこの忙しさから解放されたいと考えていました。

人気だからこそ秘むリスクを学んだ

そんななか、同年末に起こったのが、いわゆる「ポケモンショック」です。

1997年12月16日、アニメ『ポケットモンスター』（テレビ東京）で激しい点滅が繰り返されるシーンが放送され、体調不良を訴える視聴者が続出しました。この騒動を受けて、テレビ東京はアニメの放送休止を発表。すると、ローソンでも「ポケモングッズ」は急激に売れなくなり、抱えていた山梨の問屋にある2億円分の在庫がまったく動かなくなるほどの影響を受けました。

ただし、全国の「ポケモン」ファンや体調不良になった視聴者の方には申し訳ありませんが、私は心の中で思わずガッツポーズしましたよ。「よし、これでポケモン地獄から解放される！」と。それほど、当時の忙しさは異常だったんです。2億円分の在庫についても、とくに気になりませんでした。当時の私は、ひとりで年間460億円の取引を行っていて、完全に金銭感覚が麻痺していたんです。

その後、アニメは4ヵ月ほどで放送が再開され、グッズの売り上げも回復。無事に在庫分もはけましたが、人気コンテンツの関連グッズを扱う際のリスクを垣間見た一件でした。

SECTION 07

欠品を防げ！「コンビニコスメ」の誕生

「コンビニとは、そこまでするのか」と驚かれた

「いかなる理由があろうとも、欠品は絶対にしてはいけない」

これは、当時のコンビニ業界における鉄則です。ローソンも例外ではなく「本部には供給責任があるから、どんな欠品も許さない」とオーナーに約束していました。いまだに99％以上の商品は欠品することがないほど、浸透している考え方です。

いま考えると、ちょっと無駄な労力だったと思うんですけどね。たとえば、5種類の100円ライターを扱っている店舗で、1種類だけ欠品していても全然問題ないじゃないですか。でも、それすら許されないのがコンビニなのです。

そんな状況下で、私は配置転換により化粧品担当になったのですが、ここで最も手強かった取引相手が業界トップの資生堂です。

あるとき、同社の若年層向け化粧品「ヌーヴ カラークレヨン」が欠品しそうになったエリアがありました。資生堂に掛け合っても「ないものはない」の一点張りで、融通が利かない。いや、いま考えれば融通が利かないのは私の方だったんですけどね。しかし、当時の私は欠品させないことに命を懸けていました。

たとえば、特番の録画需要が高まる年末年始に、TDKのビデオテープが欠品しそうになったことがあります。このとき、私は正月の1月1日に担当者の実家にまで電話を入れて、江戸川区にあるTDKの倉庫を開けさせたほどです。欠品なんてあり得ないから、いますぐ起きて倉庫を開けてくれと。この行為が正しいだなんて、いまはまったく思っていませんが、当時はそれが正しいと思い込んでいたんです。

そんな私ですから、当然ながら資生堂の欠品も許せなかった。しかし、どれだけ交渉しても商品を手配してもらえそうにない。そこで私は「じゃあ僕が何とかします」と、土日の2日間かけてドラッグストアやファミリーマートを車で回り、合計36万円分の「ヌーヴ カラークレヨン」を買い集めたんです。我ながら頭がおかしいですよね？ ともあれ、無事に月曜日に納品し、資生堂の担当者にも「何とかしましたから」と報告しました。「一体どうやったんだ？」と尋ねられたので、ありのままを説明したら、担当者に「コンビニとは、そこまでするものなのか」と非常に驚かれた記憶があります。

「コンビニに商品を置く」意味を議論するきっかけに

こうした泥臭い話は、いまの若い人からすれば「バカじゃないのか」と感じるかもしれません。私だって、いまだったらここまで思い切った行動はできないでしょう。ただ、「私はこんなに頑張ったんだ！」という自慢話ではなく、あくまでも過程の出来事をお伝えしているだけなのです。この話の続きが重要で、件の欠品阻止以降、資生堂が真剣に「コンビニに商品を置くということ」について議論してくれるようになったのです。

こうして始まったのが、ローソンと資生堂による合同会議「ＬＳミーティング」です。この会議では両社員の人間ともに社章を外し、純粋にコンビニのお客様のことだけを考えて意見を出し合いました。

ＬＳミーティングからはさまざまなアイデアが生まれ、男女ごとに売り場が分けられるようになったのもここからなのです。現在、コンビニでは化粧品、生理用品、パンストが同じ売り場に置かれていますよね。しかし、当時は生理用品はティッシュやトイレットペーパーと同じ「紙製品」売り場に置かれ、パンストは男性の肌着と同じ「衣類」売り場に置かれていました。でも、これっておかしいよね、と。女性は女性、男性は男性で、それぞれ買いやすい売り場にしようと改革が行われたんです。また、コンビニコスメという言葉を浸透させた「化粧惑星」も、ＬＳミーティングから発展して生まれた商品です。

お互いに膝を交えて、コンビニのお客様について話し合うことが、この欠品問題をきっかけに始まったのです。コンビニの本気の姿勢を見せることで、超大手メーカーの態度も変わっていったのです。

ちなみに、もしも私がセブン-イレブンの社員だったら、資生堂と手を取り合うことはなかったかもしれません。というのも、業界トップ同士はお互いの利害が衝突するため、仲良くなりにくいからです。当時、業界2番手のローソンだったからこそ、資生堂も歩み寄りやすく、さまざまなコンビニ限定商品が生まれていったのだと思います。

SECTION 08

当日納品の奇跡！「栄養ドリンクの規制緩和」

規制緩和の当日中に全店に入れろ！

1999年3月31日、一般用医薬品の規制緩和によって、一部の栄養ドリンクが医薬部外品に認定されました。この結果、「リポビタンD」（大正製薬）をはじめとする栄養ドリンクが、コンビニでも販売できるようになったのです。これが医薬品販売の第一弾となりました。

私が化粧品担当から栄養ドリンクの規制緩和担当に配置転換されたのは、1998年12月、つまり規制緩和の約4ヵ月前のことでした。実は前任者の仕事があまり進んでおらず、「まぁ、渡辺だったら、いまからでも強引に進められるだろう」と白羽の矢が立った……というよりも、貧乏くじを引かされたわけです。

とは言え、任されたからには全力です。一挙にメーカーを回って条件をまとめ、もともと決まっていたベンダーもひっくり返し、必要な業務をイチから片づけていました。しかし、ここでまたダイエーから天下ってきた商品本部長が無茶を言うんですよ。

「規制緩和当日の3月31日に、ローソン全店に栄養ドリンクを入れろ！」と。マスコミなどのニュースをローソンに集中させるのが狙いでした。

雪の影響で、北海道だけ……

各メーカーが出荷できるのは3月31日の0時からです。それを24時間以内に全国6000店舗で販売できるようにしろというのだから、これがどれだけ大変なことか分かりますか？　参考までに、セブン-イレブンとファミリーマートが全商品を販売できるようになったのは4月1日や4月2日で、出荷の翌日、翌々日です。

結果から言うと、やり遂げましたよ。おかげさまで、当時の規制緩和に関する様子は、ほとんどがローソンを場面とした映像や写真で報道されました。あらゆる無茶をしてきたつもりですが、振り返れば、この当日納品がローソン時代にやった仕事のなかで、最も豪快かつ強引だったと思います。

メーカー各社の工場6ヵ所の商品を、物流の担当者と組んで全国27ヵ所のベンダーに振り分けて、全店に納品する。言葉で説明するのは簡単ですが、当時、これを24時間以内に実現するということは、本当にスゴイことだったのです。

全店納品を可能にした要因は、前任者時代に任せる予定だった日用品のベンダーから、食品のベンダーに変更したことです。日用品のベンダーとは話がまったく進んでいなかったので、それならば、改めてこちらでベンダーを探した方が確実だと思いました。大きなお金が動く仕事ですから、全店に必ず当日納品してくれるベンダーを使おうと。その結果、条件に応じてくれたその食品ベンダーに決まったのです。

あの日のことは、いまだに忘れられません。各地から納品完了の連絡が届くなか、23時を過ぎても北海道の5店舗だけが納品できていなかった。どうやら雪の影響で遅れていたようですが、私はお構いなしに北海道の担当者に文句を言い続け、ようやく23時20分に全店納品が完了しました。

ちなみに、この半年後に、「渡辺は薬剤師ではないから、医薬品担当から外した方がいいだろう」とこの件を評価されることもなく北海道に異動するのですが、そこで担当者となったのが当日納品で散々文句を言った相手でした。「アンタ、あの納品は本当にトンでもなかったよ」と言われ、自分でもその通りだったと思います。それでも、この担当者さんをはじめ、北海道では多くの仕事先の皆様にとても優しくしていただきました。東京時代のエグい仕事ぶりから、商品部のバイヤーとして、真のマーチャンダイジングとしての仕事の仕方に生まれ変わることができたのは、北海道で出会った温かい人たちのおかげです。

SECTION 09

人の立場を見て対応を変える芸能プロの社長

番組タイアップで協賛金を集め、感謝されまくり

これまで、さまざまなコラボ企画に携わってきましたが、そのなかには芸能界の人たちと関わる機会もありました。ほとんどが良い思い出なのですが、これから話すのは、地方勤務時代、とあるローカル番組とタイアップしたときの出来事です。

そのローカル番組は、地元では知らない人はいないほどの超人気番組で、出演するタレントさんも地元の大スターです。仮にそのタレントをAさんと呼称しますが、Aさんの出演番組の製作には、Aさんが所属する芸能プロダクション社長のBさんという男性も携わっていました。

これまでにもお話しした通り、当時の私は〝集金マシーン〟でしたから、仕事で

はとにかくいろいろな所からお金を引っ張ってくることが求められます。だから、Aさんの番組とのタイアップ企画でも、協賛金を多く集めてさまざまなイベントを開催していました。そのたびにB社長からは当時の地区商品部長とともに「渡辺さんたちには、いつも本当にお世話になって……」と感謝されまくっていたわけです。

さて、そんなある日、大きな国際大会の試合が行われました。2002年FIFAワールドカップです。日本と韓国、初となる2ヵ国共同開催として注目を集め、日本では10ヵ所の都市が会場に選ばれました。当時、私が勤務していた地方も、その試合会場の一つだったんです。

しかも、この日の試合はイングランド戦でした。当時のイングランド代表と言えば、超イケメンとして話題沸騰中だったデビッド・ベッカム選手です。スター選手のベッカムがこの街にやってくるんですから、否応なしに盛り上がるわけです。

こうした大イベントは、コンビニにとっても大きなインバウンド消費が期待できます。そこで私は、会場近隣のローソンで望遠機能付きの「写ルンです」を店頭販売することにしました。当時、すでにカメラ付き携帯電話もちょうど発売され始めていましたし、デジカメもありました。しかし、若い世代にはピンとこないかもしれませんが、手軽な撮影手段として、まだまだレンズ付きフィルムの「写ルンです」が主流の時代でした。

「ベッカムが来ますよ！」「ベッカムが見られるのは今日だけです！」「この貴重なチャンスを望遠タイプの『写ルンです』で撮影しましょう！」と、スタジアムに向かう人たちにあらゆる宣伝文句で声を掛けた結果、実にこの日だけで「写ルンです」は100万円近くも売れました。

私だけじゃない。ローソン各店舗の努力なのに……

とまぁ、関係ない話を挟んだように思えますが、本題はここから。実は、私が「写ルンです」の店頭販売を行っていたとき、偶然にもB社長が通りがかりました。何度も顔を合わせている仕事相手ですから、当然、私は声を掛けてご挨拶しました。ところが、B社長は私を一瞥するなり、そのまま無視して行ってしまったんです。

このとき、私はローソンの制服を着ていました。どうやらB社長は、私が本部勤務の「あの渡辺」だと気づかなかったようです。Bさんは芸能プロの社長でありながら、しばしばAさんの番組にも出演していたため、地元ではちょっとした有名人でした。だから、このときも「B社長ファンのローソン店員が声を掛けた」程度に思ったのでしょう。

しかし、B社長が協賛を受けられたのは、本部の私がお金を集めてきたからだけではありません。ローソン各店舗での努力の集積が協賛金拠出につながっているのです。あのとき、私だと気づけなかったとしても、あの態度はいただけない。率直に言えば「社長、人間的に大丈夫ですか？」と感じました。

その後、Aさんは全国でも大ブレークを果たしましたが、この一件以降、どうもAさんの出演するテレビや映画を見る気が起こりません。Aさん自身に罪はないので申し訳ないんですが、Aさんを見ると、どうしてもB社長の顔がチラついてしまうんですよね。

SECTION 10

「ど真ん中の視点」でマーケットを見る

いまでも、月に1、2回店員として働いています

さきほどのB社長の話じゃありませんが、人ってチヤホヤされると勘違いしちゃう生き物なんですよ。

バイヤー時代、私は多くの取引先からチヤホヤされていました。取引先は自社の商品を採用してほしいから、とにかく私を褒める。すると、次第に「僕はイケてる一流バイヤーなのかも?」と錯覚してしまうんです。村西とおる監督の「ナイスですね〜」と同じ理屈です。2019年夏、Netflix配信のドラマ『全裸監督』が話題になりましたよね? 村西監督は「ナイスですね〜」と褒めることで女優さんの気持ちを盛り上げ、ソノ気にさせ、良い演技を引き出します。これと同じで取

引先からチヤホヤされるとソノ気になって勘違いしちゃうんです。同じかな？　まぁいいか。

とは言え、「お世辞で褒められている」と頭では理解しているので、仕事が休みになる土日には傲慢な気持ちがリセットされ、月曜日には謙虚な自分に戻ります。しかし、平日には再びチヤホヤされる生活が始まるので、金曜日が近づくにつれて悪い人になっていく。そして再度、土日でリセット……というサイクルを繰り返していました。

現在、私はいろいろな立場で働かせていただいていますが、立ち位置によって接する相手の対応が違う、という場面によく遭遇します。コメンテーターなど、テレビに出るときは周囲のスタッフの方からありがたいことに丁重に対応いただけますが、コンビニでレジに立っているとき、営業マンとしてバイヤーに売り込むときだと邪険に扱われることもたまにあります。でも、こうした周囲の対応に関係なく、私自身は「ブレない姿勢を保ちたい」と日頃から意識しています。

ブレない姿勢を目指す理由は、大きく2つです。1つは「立場によって態度を変える人」が純粋に嫌いだから。そして、もう1つは、マーケッターとして「ど真ん中の視点」を持ち続けたいと考えているからです。

ど真ん中の視点とは、ようするに日本人の大多数を占めている「一般人の目線」のことです。日本のマーケットを分析する上で、コンビニは最適な観察対象です。老若男女、ホワイトカラーからブルーカラーまで、すべてのお客様が来店します。彼らがどんな表情で、どんな格好をして商品を購買するのか。リアルな現場を知るために、私は現在でも月に1、2回、実際にコンビニ店員として働いています。

なぜなら、一般人の視点が求められているから

現在のメディアについて不満に感じることは、発言しているのは「本当に優秀な人、あるいは本当に虐げられた人が多い」という点です。優秀な人が優秀な視点から経済を語ったり、虐げられた人が弱者の立場を発信することも大事だと思います。ただしアプローチが両極端で、多くの一般人が置き去りになっていると思うんです。

ほかにも、超稼いでいる売れっ子の著名人が、ワイドショーで庶民目線でコメントすることに強い違和感があり、無理があるなぁとも思っています。首都圏在住なのに、満員電車移動を経験していない人が、一般人の立場で語れるのでしょうか？

一般的に生きている人が、社会で起きた出来事についてどう感じ、どうすべきかという発言は、いまのテレビには足りない要素です。だからこそ、私はど真ん中にいて、ど真ん中の発言をしたい。最近はメディアでお仕事させていただく機会が増えているので、「アンタだって一般人じゃないじゃないか」と言われることもありますが、この意識だけは忘れずに仕事をしているつもりです。

ありがたいことに、現在はコンビニの商品開発の仕事も多いのですが、これも一般目線を保ち続けられているからだと思っています。富裕層をターゲットにした百貨店とは異なり、コンビニはターゲットを絞って売る店ではありません。どこのバイヤーや商品開発者よりも、コンビニは一般的な視点を持たなくてはいけない。だから「一般の代表」と言うとおこがましいのですが、これから先も一般目線で発言できる人でありたいと思っています。

第4章

目からウロコの
コンビニ裏事情

SECTION 01

小売業有利になったリベートの実態

予算リベート↓達成リベート↓決算リベート
小売業に利用されていったリベートの変遷

「そうは問屋が卸さない」

相手が勝手な要求をしても簡単には応じられない、といった意味の諺です。問屋とは、現代では卸売業者を指します。かつて強い流通網を誇っていた問屋は、諺にも用いられるほど、圧倒的な権力を持っていたのです。

しかし、近代以降はメーカーの力が強くなり、さらに1980年代からは小売業の力が強くなって現在に至ります。多くのメーカーは大手小売業に頭が上がらないような優位な状態が長く続いていたのです。そうしたなかで発生したのがリベートです。

リベートはメーカー発案で始まった

そもそも小売業とメーカー間におけるリベートは、メーカー側からの発案で行われるようになりました。

たとえば、ある商品を70円で卸して100円で販売していたとしましょう。小売業からすると、70円よりも安く仕入れたいのですが、メーカーとしては卸値を下げたくない。なぜなら、一度卸値を下げてしまうと、その後も卸値が安いままになってしまう恐れがあるからです。

そこで、メーカーは利益を守るために「建値」と呼ばれる卸売価格の基準を設けました。ただし、大口の小売業の「安く仕入れさせてほしい」という要望にも応えなくてはいけない。そこで登場したのがリベートです。多く仕入れてくれたら、その仕入れ数に応じて一定の金額をお支払いします、という取り決めが生まれた。これが、小売業とメーカーにおけるリベートの始まりだったのです。

ところが、小売業が寡占化するなかで、いつしかリベートは予算化されるようになりました。リベートを予算に組み込んでいるため、社内からは「今年のリベート予算は100万円なのに、メーカーからはまだ80万円しか受け取れていないじゃないか」などと、半ばノルマのようになってしまったのです。

この結果、小売業はリベートのアップを要求するようになります。これまで70円の商品を1個仕入れるたびに、5％のリベートを受け取っていたとしたら、「前年比120％を売ったら、5％のリベートを6％に上げてください」と要求するようになった。これが「達成リベート」と呼ばれるものです。

そして、挙げ句の果てには「決算リベート」と呼ばれるものまで登場しました。会社には年に1回決算があり、そこで利益が確定します。決算が近づく頃には、ほぼ利益は確定しているのですが、目的の利益に達していない場合、その分の利益を確保するために、小売業がメーカーに対して決算リベートを要求するようになりました。来年も御社の商品を採用するからリベートをください。もはや無茶苦茶とも言えるリベートですが、それでも立場の弱いメーカーは支払ってしまう。

ローソンが「優越的地位の濫用」で摘発を受けたとき、「1円納品」以外に決算リベートも行っていました。もちろん、現在では決算リベートはありませんが、もともとメーカーの事情で始まったリベートが、小売業に利用されて行き着くところまで行ってしまったという話です。

SECTION 02

同じコンビニチェーンの店舗が近隣にも建つ理由

ドミナント戦略はオーナーを守るため⁉ 問題の根が深い同一チェーンの近隣出店

しばしば街を歩いていると「同じコンビニチェーンの店舗ばかり建っている」といった光景に遭遇することがあるでしょう。ときには、隣や道路を挟んだ向かいに同一チェーンのコンビニが建てられているケースもあります。

この理由は、フランチャイズ業界における「ドミナント戦略」です。

ドミナント戦略とは、一定の地域に集中的に出店していき、知名度を上げて競合他社よりも優位に立とうとする戦略です。コーヒーチェーンのスターバックスもドミナント戦略を得意としています。池袋駅周辺には10店舗以上、新宿駅周辺には20

店舗以上も出店していて、両駅の周辺では、スターバックスの紙コップを持って街を歩いている若者が目立つ。その宣伝効果も計り知れません。

ドミナント戦略による出店には、大きく分けて2つの方法があります。1つは、例に出したスターバックスのように、狭小エリアに集中的に出店していく方法。もう1つは、もっと大きなエリアで捉える方法です。たとえば、セブン-イレブンは四国に進出する際、一挙に30店舗ほど同時に出店することで、強いインパクトを与えました。工場・物流センターを拠点とした配送効率においても、ドミナント戦略は理に適った戦略となるのです。

しかし、コンビニ本部にとっては合理的でも、オーナー側にとっては理不尽に感じるのがドミナント問題です。とくに、狭小エリアのドミナント出店は、店舗の売上が大幅に落ちるため、心情的には穏やかではありません。

ただし、同一チェーンによるドミナント戦略は、決してオーナーへの嫌がらせではありません。それどころか、むしろ「他社からのプロテクト」という側面もあります。近隣のテナントに他社のコンビニが入ってしまったら、それは単純に競合店の誕生を意味します。しかし、自社で押さえれば、オーナーを救う手立ても残されています。どういうことかと言うと、本部が同一チェーンの店舗を建てる際、近隣のオーナーに「新店舗も経営しませんか？」と多店舗経営を打診するのが一般的なのです。

ドミナント出店で抗議しているオーナーの中には、本部から多店舗展開を打診されなかった人々も多いようです。ただし、本部も打診する相手を選んでいます。実は、打診されなかったオーナーは、本部の目指す店舗の運営と乖離がある場合が多いのです。また、複数店の経営を望まないオーナーもいます。このため、ドミナント出店に苦しむオーナーたちに同情の声が集まることもありますが、私は一概に本部ばかりを悪者扱いするのは間違いだと思っています。

ただし、たとえオーナー側に打診されないような原因があったとしても、心情的には良くないことだとも思っています。新たにフランチャイズ法を策定し、同一チエーン出店の場合は、距離規制などを設ける必要があるかもしれません。また、近隣の同一チェーン出店の場合は、既存オーナーに、新店を運営するプライオリティを各コンビニ本部は与えるべきだとも思います。

しかし、こうしてオーナーを守ったとしても、今度は別の問題が浮上します。それは、コンビニ以外の業界からの出店です。「まいばすけっと」や「マルエツ プチ」などの安売りのミニスーパーが出店すれば、コンビニは他社の競合店よりも苦戦を強いられます。ほかにも、周囲に弁当チェーンやファストフード、ドラッグストアが建てば、コンビニの需要は著しく下がるでしょう。

オーナーの心情を察してあげたいのは山々ですが、察した上で規制を設けると、民主主義国家の自由競争が奪われてしまう。国が主導してエリア内に業種別の出店規制などを設けたとしたら、それは社会主義国家のようになってしまいます。

みんなが戦う自由を持つべきだと思う一方で、ドミナントに苦しむオーナーの心情を察するに余りあります。ドミナント問題は非常に難しいのです。

SECTION 03

コンビニで起きる万引き被害実は9割が従業員!?

従業員によるささやかなロス行為その積み重ねが大きなロスを招く

私がローソンで店長を務めていた頃、高額商品には札を付けて管理していました。高額商品といっても、コンビニですから1000円を超える商品ですら数える程度です。だから、3本セットで700円くらいのカセットテープも、コンビニにとっては高額商品という扱いだったんです。

あるとき、管理していたこのカセットテープがなくなったことがありました。犯人は、商品管理を任せていた若い女性です。当時、まだピュアだった私は「従業員がお店の商品を盗むなんて……」と、とてもショックを受けた記憶があります。

商品を盗む万引きという行為は、小売業にとって悩ましい問題です。たとえば、とくに1商品あたりの利益が低い書店にとっては死活問題。街の小さな書店ならば、万引きが増加することによって倒産に追い込まれるほど経営が圧迫されるケースも珍しくありません。

もちろん、コンビニでも万引きは起こります。しかし、実はその9割が従業員によるものだと一般的に言われています。ただし、冒頭で紹介したカセットテープのような例は稀です。より分かりやすい表現を使えば、万引きというよりも「ロス」。本人たちも自覚していないような商品のロスが、コンビニでは日常的に起こっているのです。

たとえば、「からあげクン」をフライヤーで揚げるとき、1個余分に揚げて、それを従業員がこっそり食べてしまう。これも商品のロスです。普段は悪いことなんてしない人でも、先輩のアルバイトに「ほら、食べていいよ」などと勧められると、とくに気にせずに食べてしまう人は多いのではないでしょうか。

また、深夜の若いアルバイトが、来店してくれた友人に「どうせ廃棄商品だから」と、お弁当をあげてしまう。これは廃棄商品なので商品ロスにはなりませんが、アルバイトの行動はエスカレートし、廃棄前の商品までもあげてしまうなど、商品ロスを誘引する行動につながる危険性が高いのです。

ちなみに、多くのオーナーは廃棄食品の持ち帰りを禁じています。期限切れ商品による健康被害の責任を取れないなどの理由がありますが、想定外のロスが発生するから、というのが最も大きな理由となっているのです。廃棄の持ち帰りがOKになると、アルバイトが「目当ての弁当が客に購入されたら困る」と、回収時間が来る前に弁当をバックルームに隠してしまう可能性がないとも言えません。

ほかにも、品出し中に落としてしまい、へこんだ缶ジュース、箱が潰れたお菓子などを、こっそりと持ち帰ってしまうこともあります。こうした商品ロスをすべて含めると、コンビニにおける万引き（商品ロス）の9割近くが従業員によるもの、ということになってしまうのです。ただし万引き常習犯がいる店舗は別ですが。また、商品ロスという観点で言えば、万引きではありませんが検品ミスも含まれます。

なお、コンビニには1店舗あたり約16台の監視カメラが設置されていて、これは売場面積から考えるとかなり多い数と言えるかもしれません。

バックヤードには、これら監視カメラの映像を確認できるモニターが置かれていますが、一部店舗では、実は1台だけこのモニターでは確認できないように設定されているカメラがあるのです。その監視カメラが設置されている場所は、従業員が休憩などに使用するバックルームなのです。

バックルームの映像はオーナーだけが確認できるようになっていて、その目的のひとつは従業員が不正を行っていないかのチェックなのです。身内を疑うようで心苦しい話ですが、昨今のコンビニオーナーたちは、それほどまでに経費削減の徹底を余儀なくされているのかもしれません。

SECTION 04

日用品は月に1個が売れるだけで売れ筋商品

「売れ筋ライン」を知っておけば1人でも商品を買い支えられる!?

本書で何度も申し上げてきましたが、コンビニは毎週100品の商品が入れ替わる激戦区です。1店舗あたりの品揃えは約3000品で、そのうち1年後も店頭に置かれている商品は3割程度。しかも近年はPBの割合が増えているため、NBがコンビニの棚で生き残っていくのはとても難しいのです。

コンビニに置かれた商品が生き残るためには、一定の販売数を勝ち取らなくてはいけません。では、具体的にはどれほど売れると〝売れ筋商品〟と見なされるのでしょう。主要商品の売れ筋ラインは変動しますが、およそ次の通りです。

・菓子パン……………………1日5個
・缶コーヒー…………………1日4本
・緑茶ペットボトル…………1日3本
・炭酸飲料……………………1日2本
・カップラーメン、スナック菓子……1日1個

カップラーメンやスナック菓子が1日1個で売れ筋と見なされるのは、意外なように思われるかもしれません。しかし、1日1個売れるということは、全国1万5000店舗ならば1万5000個。年間にして547万5000個という大ヒット商品です。裏を返せば、贔屓《ひいき》にしている店舗で好きな商品を置き続けてもらいたければ、この数を目安に購入すればいいわけです。しかし、実際には1人で毎日買い支えるのは難しいんですけどね。

ただし、全国的に売れていなかったとしても、一部で熱狂的なリピーターの存在

が確認できた場合、撤退が保留される可能性もあります。第1章で紹介したローソンの「ブランパン」はその代表例です。熱心な顧客が付いていた場合、オーナーが本部に「今後も仕入れてください」と掛け合うこともあります。

一方、シャンプーなどの日用品やサラダ油などの調味料は、使い切るまでの期間が長いため、なんと〝1ヵ月に1個〟が売れ筋ラインです。この売れ筋ラインはドラッグストアでも同じです。もちろん、セールなどで売り場を特設すれば、1日に20個ほど売れることもあります。しかし、通常の陳列棚に置かれているシャンプーは1ヵ月に1個売れるだけで売れ筋商品となるです。

SECTION 05

嫌煙ブームで売上減少の危機⁉ 店頭から灰皿が消えている理由

コンビニの売上の4分の1を支えるたばこ オーナーにとって灰皿の撤去は苦渋の決断⁉

「コンビニの売上の4分の1はたばこの売上によるもの」という話は、第2章でもしました。たばこの値上げによって、コンビニの売上が維持できているのは紛れもない事実です。

かねてから思っているのですが、たばこ税の上げ方は実に巧妙です。おそらく財務省が、増税の影響によってたばこをやめる人の数を緻密に推計した上で、どれだけ増税するかを決定しているのだと思います。

事実、喫煙率が下がっても、たばこ税の税収は変わっていません。日本たばこ産業によれば、２００1年の喫煙率は男性52％、女性14・7％だったのに対し、２０１8年は男性27・85％、女性8・7％。ほぼ半減しているにもかかわらず、税収は一貫して2兆円台をキープしているのです。

さて、喫煙者はコンビニにとって貴重なお客様ですが、悩ましいのは近年の嫌煙ブームです。ここ最近、コンビニ前に設置している屋外用のスタンド灰皿が、次々と撤去されているのです。とくに駅前店舗などに多いのですが、これは行政から指導されての撤去です。そして、なぜ行政からお達しが来るのかというと、行政の窓口に市民の方からの連絡が入るからです。

「あのコンビニには喫煙スペースがあって、健康被害を増やしているのになぜ……」

こうした問い合わせが非常に増えているため、行政も動かざるを得ない。結果としてコンビニも灰皿を撤去するケースが増えているというわけです。

しかし、コンビニオーナーからすると、灰皿の撤去は売上に直結しかねない苦渋の選択です。というのも「たばこが吸えるコンビニでたばこを購入する」という喫煙者が多いからです。たばこと一緒に缶コーヒーなどの〝ついで買い〟も期待できるため、喫煙者が別の場所でたばこを購入すると、たばこ以外の売上も下がってしまう可能性が高いのです。

とは言え、今後もたばこ税の増税は続くでしょうし、たばこ離れもいっそう加速するでしょう。たばこに頼らずに売上を上げる方法を、コンビニ側も考えていかなくてはいけないでしょう。

喫煙者は貴重なロイヤルユーザー

なお、コンビニの従業員は、しばしば常連客にあだ名をつけることがあります。あだ名をつける際、最も多い命名法は「購入する商品」です。私はコンビニで『東スポ』などのスポーツ新聞をよく買うので、もしかしたら「『東スポ』のおじさん」などと呼ばれているかもしれません。

たばこを購入する常連客も「マルボロのおじさん」や「ハイライトのおじいちゃん」などと呼ばれます。もちろん、お客様を馬鹿にしているつもりはないでしょうし、ましてや喫煙者はコンビニにとって貴重なロイヤルユーザーです。

イタリアの経済学者ヴィルフレド・パレートが提唱した「パレートの法則」をご存じでしょうか。通称「ニッパチ（2：8）の法則」と呼ばれ、2割のロイヤルユーザーが8割の売上をつくるという理論です。

この法則はコンビニにも当てはまり、たばこと一緒にさまざまなついで買いをしてくれる常連客はロイヤルユーザーです。

「喫煙者の常連客が来店したら、あらかじめ彼らが購入するたばこを用意しておく」などの行動をとる店員も多く、これはロイヤルユーザーを大切にした接客サービスと言えるのです。

SECTION 06

出版社が自分で自分の首を絞めた？「成人誌」コンビニ撤退の背景

性のオープン化が進む一方で撤退を余儀なくされた成人誌

私がローソンに入社した30年前は「コンドーム」を置いていない店舗も少なくありませんでした。取り扱っていた店舗でも、紙に包んで陳列したり、棚に並べずカウンターに置いていたりと、人目を忍ぶような商品だったのです。

ところが、1990年代に変化が起こります。それまでコンドームの購買層は男性が多かったのですが、カップルで購入する光景が増えました。〝性のオープン化〟とも言えるのでしょうが、結果としてコンドームはほかの商品と同様に陳列されるようになったのです。

一方、男性の性欲を満たし続けた〝成人誌〟はコンビニから姿を消しました。2019年8月末をもって、大手3社は成人誌の販売を終了。日本経済新聞によれば、同9月から大手3社で成人誌を取り扱う店舗は約0・2%とのことです。

コンビニで成人誌の販売が終了した背景は、かねてから言われていた「女性や未成年への配慮」に加え、「2020年に開催される東京オリンピックを控え、来日する外国人へのイメージ低下を防ぐ」といった思惑が働いたようです。ただ、成人誌に対する風当たりを強めてしまったのは、出版社自身のせいでもあったのです。

自主規制によって成人誌の表紙が過激に

2004年、東京都の青少年健全育成条例の改正に伴い、出版社は「成人誌をシールで閉じる」という自主規制を行いました。ところが、この自主規制によって、成人誌にある変化が生じたのです。

その変化とは〝表紙の過激化〟です。シールで閉じたことによって、消費者は「成人誌の中身を確認して購入するかどうか決める」という方法をとれなくなりました。結果、表紙で購入を検討してもらうため、成人誌の表紙は過激な文言や女性の姿が目立つようになってしまったのです。個人的には、成人誌の表紙が過激でなかったら、批判の声はもっと少なかったのではと思っています。

雑誌全体の売上が落ちている昨今ですが、それでもコンビニの成人誌は約45億円の市場でした。購入者のほとんどがシニアで、高齢男性にとってコンビニは、性欲を満たすアイテムを手に入れる貴重な場所でもあったのです。

果たして、失われたシニアの性はどこへ向かうのか？　もはやコンビニでは知ることができませんが、非常に気になるテーマです。

SECTION 07

発言力は編集長を超える!? コンビニが雑誌にアドバイス

コンビニで雑誌を売るためには“瞬買仕様の表紙”が重要

インターネットの普及に伴って、ＩＴ業界は大きく発展しました。しかし、その一方で衰退や停滞を余儀なくされている業界もあります。出版業界もその１つで、21世紀に入り、厳しい状態が続いています。

コンビニにおいても、日本人の本離れがはっきりとうかがえます。日本出版販売『出版物販売額の実態２０１９』によれば、コンビニにおける出版物売上高は２００１年度が５１２３億円だったのに対し、２０１８年度には１４４５億円。20年も経たない間に、本の売上が３分の１以下に縮小しています。

しかし、出版社にとってコンビニが貴重な本を売る場所であることに変わりはありません。そのため、各出版社がコンビニのアドバイスに従うことも少なくないのです。アドバイスの顕著な例は、雑誌の表紙です。

コンビニのお客様は、商品を一目見て買うかどうかを判断する〝瞬買〟がほとんどです。雑誌も同様で、見た瞬間に購入の判断が行われるので、コンビニで雑誌を売るためには〝瞬買仕様〟の表紙を意識する必要があります。

コンビニに置かれる雑誌で重要なのは、タイトル周りの上の部分です。雑誌用の陳列棚は階段状になっているため、一番手前の雑誌以外は表紙の上の部分しか見えません。ですから、この部分に人の目を惹くような情報を入れるのが肝要です。雑誌名の文字を小さくしたり、位置を移動させたりして、表紙上部に特集の見出しなどを入れて目立たせる。こうしたレイアウトの雑誌は、陳列棚用の対策を行っていると言っていいでしょう。

このほか、店の外からはガラス越しに裏表紙が見える場合があるので、広告代理店などと相談して、裏表紙に広告を入れる場合も何かしらの工夫が必要です。また、棚の下で平置きされる場合は、表紙下部の情報も大切になります。

しばしば編集長が変わると、雑誌の表紙を斬新なレイアウトにリニューアルしようとするケースがあります。しかし、それが瞬買仕様でなかった場合は「この表紙だとコンビニでは売れませんよ」などのアドバイスを、コンビニバイヤーが日販やトーハンなどの出版流通企業を通して伝えることもあります。

近年ではセブン-イレブン限定の『週刊文春』（文藝春秋）や、ローソン限定表紙の『B.L.T.』（東京ニュース通信社）など、コンビニ限定の雑誌も見られるようになりました。サブスクリプション（定額料金）の雑誌読み放題サービスに未対応の漫画以外は、コンビニでの雑誌販売で明るい未来が見えづらいのは事実です。出版業界と協力しながら、コンビニで雑誌を売る工夫が模索されているのです。

SECTION 08

「良いコンビニ」を見分けるポイント

トイレ、床、陳列棚、日用品……管理の行き届いている店舗はリピート率アップ

自宅からほぼ同距離にコンビニが2軒。品揃えは大差なく、どちらを利用しても構わない。でも、せっかく利用するならば「良いコンビニ」に通いたい……。そんな人のために、コンビニの良し悪しを見抜くポイントを紹介しましょう。

ここで言う「良いコンビニ」とは、管理が行き届いているコンビニのことです。衛生管理や商品管理、人員管理などを適切に行っている店舗は、総じて高いサービスを提供できていると言えます。管理が行き届いている店舗は、お客様のリピート率も高くなる傾向にあります。事実、管理が適切な店舗は、近隣店舗に比べて売上

が1・2倍ほど高くなることもあるのです。

こうした管理のなかでも、お客様がチェックしやすいのは衛生管理です。代表的なのは「トイレの清掃は行き届いているか」「店内の床は綺麗か」などが挙げられます。そもそも、コンビニの床は必ずと言っていいほど白色を採用していますが、この理由は「光の反射で商品が綺麗に見えるから」です。コンビニでは、床をレフ板のように利用しているのです。

また「日用品が埃《ほこり》を被っていないか」も判断材料となります。「日用品は1ヵ月に1個売れれば売れ筋」という話を思い出してください。長期間、棚に置かれ続けている日用品は埃を被っていることが多いのです。

ほかには「缶の飲料のラベルが正面を向いているか」もポイントです。缶ジュースなどの補充は、冷蔵庫の裏に回ってバックヤードから行う店舗が増えています。ラベルが正面を向くように補充していくのは難しく、どうしてもズレてしまいます。

このズレを、管理が行き届いている店舗は、こまめに整えます。補充時だけでなく、お客様が手に取ったあとに発生したズレなどを直し、常にすべての商品が綺麗に正面を向いているように維持しているのです。

ただし、近年は人手不足やカウンター周りの仕事の増加などにより、店員1人あたりの作業が増えています。このため、トイレや床の清掃はできても、陳列棚の管理まで手が回らないことが多いです。その負担を考慮すると、缶ジュースの整理や日用品の清掃にまで手が行き届いている店舗をプラス評価としても、できていない店舗にマイナス評価を与えるのは少しばかり酷と言えるかもしれません。

SECTION 09

コンビニ店員も人間だもの「苦手な客」は存在する！

「注文の仕方」や「支払い方法」は正確に！ワンオペ時は「長時間の滞在」も困りもの

私はいままでも、スタッフとしてコンビニに入っています。

さまざまな客層が訪れるコンビニでは、接客において区別や差別をしないよう心掛けています。しかし、コンビニ店員も人間です。退店をお願いするまでには至らなくとも「できればお断りしたいお客様」が存在するのです。

たとえば「たばこの注文が雑なお客様」。現在、多くのコンビニでは、たばこを番号で注文するようにお願いしています（目が悪い人はやむを得ないですが）。しかし、なかには銘柄で告げるお客様もいて、そうなると、非喫煙者の店員には対応が難しくなってしまう。とくに近年、同一ブランド内でさまざまな種類のたばこが登場しているので、全銘柄を把握するのは困難なのです。

また「電子マネーの種類を告げないお客様」も困ります。キャッシュレス化が進む昨今、電子マネーも多様化していますが、種類によって会計の方法が異なります。このため、無言でカードだけ出されても、即座に判別することができないのです。電子マネーを使用する際は「Ｓｕｉｃａ」や「ｄ払い」など、支払い方法を教えていただけるよう、ご配慮をお願いいたします。

ほかには「深夜に長時間滞在するお客様」も、店員の手間が増えてしまいます。従業員2人体制ならば良いのですが、ワンオペの場合、念のためにお客様の動向をチェックしながら作業を行う必要があります。昔に比べて減りましたが、立ち読みで1時間ほど滞在されると、清掃や品出しなどの作業が思うように進まないので、できる限りご遠慮いただきたいというのが本音です。

第5章

コンビニの世界進出が、日本を救う!

”コンビニは「世界最高のリアル小売業」！“

日本式コンビニのビジネスモデルは海外でも絶対に通用する

コンビニは一定の生活水準に達した国で広まる

第1章でも申し上げましたが、私は日本のコンビニを海外に広めるべきだと思っています。なぜなら〝コンビニは世界最高のリアル小売業〟だからです。

コンビニが持っている価値・魅力は、本書でも紹介してきた通りです。全国5万8669店舗、構築されたこの店舗網、お客様のニーズに可能な限り応える品揃え、巨大なロットによって実現する商品開発力、生活に根ざした豊富なサービス、多くの作業を憶えて実践できる質の高い店員……どれをとっても世界最高峰です。

トヨタが体系化した生産方式は世界に認められ、「トヨタ生産方式」として海を渡りました。同様に、コンビニのビジネスモデルも世界に売り込んでいくのです。これは、閉塞した日本経済を救う方法の1つとなるはずです。

もちろん、すでに大手チェーンは海外展開を行っています。

セブン-イレブンは海外に約4万店舗ありますが、中国の約500店舗を除き、ほぼすべてがアメリカの子会社7-Eleven,inc.による展開です。ファミリーマートはかつてアジアを中心に1万3000店舗を展開していましたが、2014年に韓国から撤退。現在は約7600店舗に数を落としています。ローソンもアジアが主戦場ですが、2社に比べて数は少なく、中国を中心に約2200店舗の展開にとどまっています。

店舗数で見ると、海外にも一定の展開を果たしているように思えますが、実はこれらの大半は〝日本式コンビニ〟ではありません。実は、日本のコンビニをそのまま海外に持ち込むと失敗するケースが多く、現地の仕組みに寄せた手法でコンビニを運営しているのが現状です。

「日本のコンビニのビジネスモデルは海外に売り込める」という私の主張と矛盾しているように思えます。が、実は、日本式コンビニを浸透させるためには、ある条件が必要なのです。

その条件とは、多くの国民が「一定の経済水準・生活水準に達していること」です。第1章で説明した「日本の小売業の歴史」を思い出してください。1970年代に百貨店、1980年代にGMSなど、時代とともに消費の潮流は変わり、台頭する小売業も異なっていました。コンビニが台頭したのは、大衆の消費が成熟した1990年代のことです。

これを踏まえて海外を見てみましょう。たとえば、現在の中国ではコストコが上海で大ブームですが、これは日本における70～80年代のような状況です。富裕層は三越などの百貨店で買い物をし、安くて良いものを求める大衆はダイエーに殺到しているような状況です。つまり、まだコンビニの需要が高まる前の段階です。
しかし、大衆の消費が行き着く先は、便利で身近なコンビニです。なかでも目を向けるべきマーケットは、成長著しい東南アジアです。消費が成熟すれば、日本式コンビニが東南アジアを中心に海外で広まっていくはずです。

なお、大手ファストフードのマクドナルドは、海外に出店する目安として1人当たりのGDP（国内総生産）を参考にしているそうです。具体的な数値は企業秘密のようですが、一定の水準に達していないと、サービスが大衆に受け入れられないであろうという理に適った判断をしています。コンビニもこうした基準を設け、海外に打って出るタイミングを見計らう必要があるでしょう。

現地の日常に寄り添いつつ日本の文化も伝える

日本式コンビニを広めると言いましたが、日本と同じ品揃えでは通用しません。とくに食品に関しては吟味する必要があります。なぜなら、コンビニは日常のニーズに合わせて成長してきた小売業だからです。海外の日常に合わせられなければ「コンビニのビジネスモデルで成功した」とは言えないのです。

とは言え、完全に現地に合わせるのも成功とは言いがたい。たとえば、ハワイで人気のハンバーガー店が日本に上陸するとして、「日本でお馴染みのテリヤキバーガーを販売します」と言われたら、それは違うと思うでしょう。現地の味覚を考慮しつつ、日本の多様な食文化も伝えていく。このバランスが難しいのですが、そこは最大公約数の品揃えを実現してきたコンビニです。これまでの経験、そして今後導入が進むであろうＡＩの需要予測などを駆使して、海外の人々を満足させる品揃えを目指していってほしいと思います。

また、商品開発においても、一定の店舗数を建てた上で進めれば勝ち目も見えてきます。これまでコンビニは日本だけに売れる商品をメーカーと組んで開発していましたが、今後はもっと幅広いマーケットに目を向ける必要があります。極端な話ですが、ウォルマートやコストコ、ZARA、Amazonなどの海外企業と共同でPBを開発するくらいの意気込みで臨んでほしいです。日本のコンビニの単品販売力は世界でも圧倒的で、商品ロット数が多く優位な開発環境にあるからです。

多くの人が利用するコンビニは、人々の行動様式を変える力がある。本書で繰り返し述べてきましたが、実際にコンビニが海外の食文化を変えた例を紹介しましょう。

12年ほど前、プライベートでメーカー2社に頼まれ、私はインドネシアのインドマレットとアルファマートという二大コンビニチェーンの幹部に対してコンサルタントを行いました。物流センターの効率化などをはじめ、多くが参考になったようですが、このとき私が「絶対に実行するべきです」と勧めたのが〝冷たい飲み物〟の販売です。

赤道直下のインドネシアは、年間を通じて最高気温が30℃を超える常夏の国です。しかし、露天で売られている飲み物はいずれも常温で、冷たい飲み物を飲むという文化が一般的ではなかったようです。そこで「コンビニの冷蔵庫に飲み物を保存し、冷たい飲み物を積極的に販売してみたらどうか」と勧めたのです。コンサルから2年後、私は幹部たちに会うためにインドネシアに行きましたが、コンビニの新店では冷蔵の飲み物の販売が圧倒的に増え、人々が当たり前のようにコンビニの冷たい飲み物を買う光景が見られました。

地域に密着しながらも日本の便利な方法や文化も伝えていく。そういう役割も日本式コンビニにはあるのではないかと思います。

あらゆる変化に対応してきた経験が海外で生かされる

日本という国は、良くも悪くも世界の先を歩んでいる国だと思います。高い経済成長を経験した一方で、長期間の不況も経験しました。少子高齢化も「世界の先を行っている」と言っても差し支えないかもしれません。というのも、国が豊かになっていくと少子化が進むと言われているからです。厳密な理由は明らかになっていませんが、豊かになることでライフスタイルの選択肢が増え、結婚や子どもなどを求めない人が増えるからなのかもしれません。

いずれにしても、内閣府によれば、全世界の出生率（1人の女性が生涯で産む子どもの数）が平均2・44人であるのに対し、日本1・43人、ドイツ1・57人、アメリカ1・76人、イタリア1・33人など、先進国の出生率は長期的に低下傾向が見られると分析しています（内閣府／2016年少子化対策の現状）。人口を維持できる目安（人口置換水準）は2・07人と言われ、各国ともに下回っています。

コンビニは、時代の変化に対応しながら成長してきたリアル小売業です。いまもなお、超高齢社会によって生じるさまざまな問題に対応しようとしています。

つまり、日本のコンビニは各時代に適した経験やノウハウを持っているわけです。

海外展開する上で、このノウハウは必ずや大きな武器になるはずです。消費が成熟していく国にはコンビニ台頭時のビジネスモデルで勝負し、高齢化していく国にはシニア向けのビジネスモデルで勝負し、人手不足に陥った国では省人化と外国人労働者を用いたビジネスモデルで勝負する。今後、国内のコンビニは従来の一律化が終わり、多様化していくと説明しました。海外においても、国の経済水準に応じて多様化させていく。コンビニに勝機があるのではなく、コンビニのビジネスモデルに勝機があるのです。

今秋に日本で開催されたラグビーワールドカップ2019は、日本代表の大活躍もあり、大盛況に終わりました。海外記者も日本の奮闘を称えていましたが、実はその裏で「コンビニの話題」も白熱していたのです。

大会期間中、ある海外の解説者が「日本のコンビニのサンドイッチの王者を決めるのは、今大会の優勝チームを選ぶよりも難しい」といった内容をTwitterに投稿したところ、来日中の海外記者が次々と反応。リプライでコンビニ各社のお勧めフードが紹介されるなど〝コンビニフード論争〟が巻き起こりました。

同様の出来事は、2020年の東京オリンピック、2025年の大阪・関西万博でも起こるでしょう。来たるべき世界の祭典は、インバウンド消費の期待だけでなく、日本式コンビニや、販売される商品の素晴らしさを伝えるチャンスでもあります。「日本のコンビニが自分たちの国にもできたらいいのに！」といった気運が高まれば、それが改めて海外に打って出るタイミングとなるかもしれないのです。

数十年後には、世界中に日本式コンビニが普及しているかもしれません。日本から遠く離れた地で「こんな便利な店が近くにあって良かったね」と笑顔で買い物を楽しむ人々の光景が見られるかもしれません。

コンビニが日本から消えたなら――。

いいえ、コンビニは絶対に消えません。日本だけでなく、世界からも欠かせない存在になる日が必ずや訪れるはずです。コンビニという世界最高のリアル小売業を知る者として、私はそう信じ、願っています。

仲間の皆様からいただいた

本書への応援メッセージ

池田有希
パッション・鍼灸院 代表
渡辺広明氏は、実働経験者でありコンビニ全てを知っている。この一冊に近未来が凝縮されているのだ。

石崎肇一
Business Journal編集部
コンビニの"無限の可能性"と"限界"がスッキリわかる一冊！

石森則和
文化放送 報道記者
コンビニで働いた経験と、綿密な取材に裏付けられた渡辺さんの情報は、リアルで最新。ラジオにとっては欠かせない存在です。難しいことをわかりやすく伝えるのは難しいものですが、生活に落とし込んでの渡辺さんの解説は、誰でもすんなり理解できるため『ニュースワイドサキドリ』にも度々ご出演いただいています。

磯部 豊
ウィ・ジャパン株式会社 代表取締役
この本を読んで流通を知り、将来の世界観が変わりました。本書は流通に携わる人々の手引きとなるでしょう！

IM
東京流通ドラゴンズ会 幹事
筆者が中心で発足した『東京流通ドラゴンズ会』。筆者の人柄もあり、さまざまな業界人が集い、今ではビジネス面でも連携しています。

青木良太
貝印 海外事業本部 部長 兼 アジア市場責任者
渡辺さんの視点はとても面白く、海外での商品展開でも参考になる事、多々あります。流通、小売関係者必読の一冊！

芦沢岳人
株式会社TWIN PLANET 執行役員
渡辺さんは超現場主義者。ゆえに市場を捉える視点は超現実的で超実践向き。日本の未来にとって本書が出版される意義は高い。

阿部千鶴
通信販売バイヤー
現役バイヤーの頃から商談が好きで、商品開発が好きで、モノが売れていく現場が大好きな渡辺さんは、日本一のバイヤーです！

彩華
ミスモデルジャパン 日本準グランプリ
どんな立場になっても現場で働きながら自分自身が見て触れて感じる、学ぶ心をお持ちの先生の姿勢に心を打たれます。当たり前かの様に利用しているコンビニエンスストアが、この本を通して少し見方が変わるキッカケに、皆さんにとってなります様に！

アレックス・ホー
友人
ご出版おめでとうございます！ いつも流通の面白い話をたくさん教えてくれる楽しい友達です。ますますのご活躍を！

掲載はアイウエオ順です。敬称略。

30年間の仕事でともに過ごした仲間とのかけがえのない想い出の集大成がこの本です。
本を読んで頂いた方。本を読んで頂く前に概要をお知らせしただけの異例のお願いをさせて頂いた方。
僕とのコンビニ仕事のエピソードやSNSでの交流を基に、応援メッセージや
本書の感想を頂きました。皆様本当にありがとうございます。

牛島利明
慶應義塾大学教授
常に現場を見据え、さらに現場から経済全体を見通そうとする渡辺さんの視点にはいつも学ぶことが多くあります。

尾亜波加剛（おあはかGO）
証券ストラテジスト
新興国の地方都市にまで赴いて調査し、グローバルな視点から日本の流通を解析する渡辺氏。その新著だけに読み応えがある。来年のメキシコ視察の成果にも期待したい。

岡田 隆
日本体育大学 准教授
深夜コンビニで調査する渡辺先生の現場主義。ボディビルの試合出場を諦めていた私は現場こそ命と心動かされ、すぐに減量を開始する事ができました。日本経済、専門知識、国民のニーズを商品に落とし込んで広める渡辺先生の采配。結果、日本にプロテインが満ち溢れる事にもなりました（笑）。

小栗奈々
オルビス株式会社
ラオスでの学校建設、地元浜松を盛り上げるためのPR活動など、渡辺さんはとにかく人の役に立つこと、世の中を良くすることに真っ直ぐなおじさんです。

片山萌美
女優
いつも人を飽きさせない会話と知識に驚きます！ たまに話が長すぎて怒られていることも(笑)。それも渡辺さんの魅力ですね。

イナバ
ビジネスパーソン
コンビニは流行の最先端のモノに出会える場所、だからこそ生活者が毎日通うお店、これは変わらないでほしいです。

IH
卸売業
期待以上でした。コンビニを企業側と消費者側の両視点から鋭く切り込めて、且つわかりやすい人ってやはり他にはいませんね。続編も期待！

井上康生
全日本柔道男子監督　柔道家
流通経済の改革者がコンビニの視点で日本経済を変えていく。多角的な視点を持つ考え方は柔道にも活きる！

伊本貴士
メディアスケッチ 代表取締役　AI・IoT評論家
出版おめでとうございます！！ IoTとAIを活用した、新しい時代の新たな流通を一緒に描きましょう！

牛窪 恵
マーケティングライター　世代・トレンド評論家
告白！ まだ原稿も読まないうちに「この本、面白いよ」とお薦めするのは初めて。それだけ渡辺さんのコンビニ洞察力は、凄いんです。

渦巻蓮華
通りすがりの編集者
レジに立つミャンマー出身の女性のことが好きになってしまった。移民女性との出会いと恋愛はコンビニですでに始まっているはずだ。

河合啓輔
東京浜松会 幹事

出版おめでとうございます。食品メーカーでコンビニの担当をしていたので勉強になります。同郷の仲間として応援しています。

……………………………………………

菊地眞弓
ライター

今は昔、なべ☆ティーの発想が女性用品陳列コーナーを創ったとさ。『買わない』私の緊急も日常も、今ではコンビニ！ 有難や有難や。

……………………………………………

北村泰介
デイリースポーツ

2019年９月から弊紙でコラムを連載いただいている渡辺さんが本を出版されるとのこと。面白くないわけがない！ ワクワクしてます。

……………………………………………

キョロちゃん
食品メーカー 営業責任者

変化するマーケットを、過去の経験則だけでなく、日々　店頭をウォッチングして現実をリアルに検証しているからこその説得力です。

……………………………………………

草野波留華
メキシコ日本料理店経営　ネイルアーティスト

子を持つ母としたら、自分の目先もさながら、子の未来を想像せざる得ません。母として、まず子の健康を引き受ける事。

……………………………………………

草野順子
芸術家

日本の近々せまり来る種々問題と現実をえぐる必読の本だと考えます。日本の現実を知り、各々の人生の戦略を計るべし。

梶本修身
株式会社総医研ホールディングス（東証上場）
創業者・精神科医

人間の欲求本能を満たし続けるコンビニは、世界経済の未来地図！ この本は、経営者にとって5年先のマーケットを知る最高のヒントを与えてくれる！

……………………………………………

KJ
製造メーカー 部長職　元台灣總經理

台灣でもコンビニが深く浸透しているが、コンビニから社会構造を読み解くこの本は、今後等しく少子化などの問題を抱えるアジア国家の進むべき道を指し示す。アジアの政治家は、この本で学ぶべし。

……………………………………………

KM
大手百貨店 新規事業担当

渡辺氏とコンビニ両者が共通して持つ「多様性」と「ボーダーレス」の視点から「現代社会の縮図」が読み解ける一冊です！

……………………………………………

門倉貴史
エコノミスト

一緒にお仕事させて頂いている渡辺先生、渾身の力作です！ 私たちの生活に欠かせないコンビニの未来がわかりますよ！

……………………………………………

金子正男
日本ご当地アイドル活性協会 代表

あんなにパワフルな人を見たことがない！ 本気で日本を世界を変えようとしている。しかも底が見えない勉強熱心さと、驚くほどの低姿勢。コンビニ創世期、こういう人がたくさんいたんだろうなぁと。渡辺さん独自の着眼点、未来予測の切り口にはいつもいつも脱帽してます。私は常に渡辺エナジーを近くでもらい地方活性のため日々頑張らせてもらっております。

佐藤孝好
オギャー　アートディレクター

5年前、Malon. by TBC開発の件で事務所へやってきたよく喋るおじさん。気づけばテレビの中で喋りまくっている…。

シズリーナ
アイスジャーナリスト

人々の生活の中心であり続ける仕掛けについては、なるほどのオンパレード。流通を極め続けている著者の姿勢に感動を覚えました。

S.S
ジャーナリスト

コンビニに厳しいけれど、溢れんばかりの愛がある。だからこそ面白い。徹底した現場主義を貫く姿勢。だからこそ渡辺さんが語る言葉には力がある。

杉野文則
株式会社ビーマップ　代表取締役社長

渡辺さんはコンビニ勤務時代、目に見えない集客ツール複合機を導入。この本には、そんなコンビニの凄さが詰まってます。

鈴木康友
浜松市長

浜松市のPR大使である渡辺広明さんの活躍を大変うれしく思います。「コンビニ」ではなく、渡辺広明が日本を救う！

田村勇人
フラクタル法律事務所代表弁護士
直撃LIVEグッディ！ コメンテーター

日本社会のインフラとなったコンビニの視点から、「消費行動」だけでなく「社会全体の歴史と未来」、コンビニ活用による「日本社会の問題解決の糸口」も見える一読三嘆の本です。

栗田国彦
果物卸売KURITA 代表

渡辺君が生まれ育った静岡県浜松市の方言やらまいか。「まずやってみよう」というポジティブ精神で今後も頑張って下さい！

釼持綾子
化粧品開発コンサルタント

現場主義を貫く渡辺さんは今もコンビニでレジ打ちをする。だから言葉が心に響く！ 私も仕事の原点はコンビニのアルバイトです。

コスメ惑星
元Sどうコンビニ担当

今やコンビニは我々にとって必須のインフラであり、伝説のコンビニバイヤーである筆者の力作は全員をコンビニ通にさせるものと思います。

こなさん
代表取締役

デフレ経済下で様々な生活スタイルや地域性の消費者行動をリアルに分析して商品を提供できるコンビニは国内消費向上の切り札と言える。

齋藤晃人
あけぼの社労士事務所 代表

今、日本社会は大きな変化の中で40年前で止まったままのコンビニ、このままじゃなくなってしまうかも。未来へ進めるシステムを。

佐藤樹理
同僚

「仕事は思い出作りだから」という渡辺さんの言葉がずっと心に残っています。自分の努力次第で何事もステキな思い出にできると教えてくれました。

中嶋哲也
株式会社イーウェル
日本もコンビニも変化が必須の時代、コンビニを現場目線から社会視点までリアルに語れるのは渡辺さんだけ。私の憧れ、目標です。

中村太郎
情報サービス企業 広報担当
徹底的な現場主義とお客様第一主義、コラボにより無限の価値を生み出す発想と実行力を持つ渡辺氏の言論活動に、ますます目が離せない。

NA
民放キー局 経済部記者
記者が羨む圧倒的愛され力、取材力、継続力…常に現場の最前線にいる渡辺さんの著書「待ってました」以外の言葉が見つかりません。

ネコっち
グラフィック・レコーダー
コンビニの24時間営業は必要？ キャッシュレス化にどうついていくか？ 今すぐ知りたい課題がクリアに！

K 60代男性
年賀状印刷商品企画部門
いつも独自の目線でコンビニ論を展開している渡辺さん。コンビニがどんな進化を遂げていって地域のコミュニティに寄与していくのか楽しみです。

のんのん
会社員（事務職）
流通のプロが書いた本なんだから、間違いないです！ 私も勉強しなきゃな。

タロウ
ドラッグストア関係者
コンビニの進化はドラッグストアが生き残る上で大きなヒントになります。小売業界に一石を投じる一冊になることを期待してます。

T.O
映画関連会社 商品部 部長
出版おめでとうございます！ まさに時代とともに変化してきたコンビニという題材を新しい視点から分析し、未来を予測しているビジネスマン必読の一冊です。

鄭世彬
日本薬粧研究家
台湾でも身近な存在のコンビニは、日本ではどんどん進化していく。訪日観光客が大好きなお菓子や化粧品だけではなく、ヘルスケア商品までも扱われ、もはやいつでもいける、なんでも買えるパラダイス！

TK
芸能プロダクション マネジャー
周りのものを即吸収、全部自分のものにできちゃう渡辺さんの才能、私も欲しい！ フッ軽さと人情に厚いところも、実は尊敬してます。

辻 昌宏
（株）近江兄弟社
講演、商品開発、コメンテーター、子育て、執筆、コンサルタント、海外の子供たちの支援、マラソン。さすが！ 24時間の男です。

パンヤ・チャンタボン
ラオス国・教育質保証センター
経済や社会変革に関心の無い人でも、この本を読んで頂いたら、身近なコンビニを通じて未来の生き方が見えて来て、より楽しい生活を送って行けると思います。

平野 遊
月刊サイゾー 副編集長
コンビニという身近なテーマが意外な角度から掘り下げられていて、1章読むだけで10の企画が浮かびます！

FM
元同僚（同期）
先見性、実行力、篤実な人柄、才気溢れる渡辺さん、今後も目が離せない逸材です！

H 38歳 独身OL
化粧品メーカー
恋のマーケティングについても相談にのってくれ、的確なアドバイスをくれるマルチなジャーナリスト。どんな悩みも解決しちゃう面白い逸材。

堀井亜生
弁護士 ホンマでっか!?TV 評論家
渡辺先生に出会い、仕事に対する熱意と前向きさに心打たれました。この本を読むことでその熱意を皆さんにも知っていただきたい。

本多 稜
歌人
渡辺氏ほど販売の現場て商品開発を熟知している流通スペシャリストはいないだろう。日本の消費社会をリアルに描きだした好著。

河鐘基
ロボティア編集部
渡辺さんの視点はいつも誠実でタブーなし。業界に対する厳しくも愛に満ちた指摘には学ぶことが多いです。圧倒的なリアルに基づいた、好奇心を刺激してくれる一冊になること間違いなし！

早川淳二
株式会社サイバーエージェント
インターネットがリアルの世界を変えるにあたり、身近な「コンビニ」を通じて日本に必要なことを考えられる貴重な一冊です。

林家ぼたん
落語家
消費者の皆様、フランチャイズ経営をなさってる皆様、流通業を営む皆様、コンビニで働く皆様、お取引なさってる皆様、渡辺さんの本を読んでいただければ、コンビニの「なんで？！」「どうなるの？！」という疑問や不安が解消されるかも！しれません！ コンビニとかけましてイチゴミルクととく、その心はコウリの王道でしょう。

バラコスのパイオニア
某流通系 商品部長
必要に応じ超せっかち＆細かい。でも温かい。且つ物凄く良い人。周りも。説得力ありあり。流通の未来を担う人に限らず必読！

原田曜平
マーケティングアナリスト
素人からプロにまで刺激を与えてくれるマーケティングの教科書です。

元ローソンの後輩
農業経営者

渡辺さんはローソンで異色なほど、いつも本質からブレずに解決。また、仲間作りの幅と深さに心底尊敬、そこが渡辺さんの本質!?

森中 航
東京スポーツ新聞社 文化部記者

渡辺さんとあちこちのコンビニを回るようになって早４年。その徹底した現場主義はコンビニ愛に裏打ちされたものだと確信しています。渡辺さんこそコンビニなしでは生きていけない〝コンビニ人間〟なのです。

安 紗弥香
コンビニ社労士®

コンビニが日本を救う！ という言葉に、コンビニ業界はまだまだ未来があるんだ！ と嬉しくなりました。多くの人に広めます。

矢野デイビット
一般社団法人Enije 代表（ガーナ教育支援）

コンビニや物流の専門家や生業にしてる方の話を理解できなくても、渡辺さんの話しはマニアックでありながら面白く引き込まれる！ 必読！

山田泰正
UHA味覚糖 代表取締役社長

流通がないといくらいいものを作ってもお客様に届かない。そのような大事な機能が当たり前の存在になっている。その当たり前を改めて科学して見つめなおす事で私どもの存在意義も再定義できる気がしています。

増田 剛
ジャパン・オーガニック株式会社 常務取締役

不確実な市場環境だからこそ、十分能力を発揮される人です。新たな視点で時代を切り開いていく姿に今後も期待しています。

松本果歩
フリーランスライター

コンビニの最新事情といえば裏話も表話も渡辺さん！ いつも勉強させて頂いています！

まーしー
経理職　皇居ランニング会 幹事

ニュース・講演で大活躍の渡辺広明さん自信作！ コンビニ視点から日本の未来にアプローチ。経理的に必見です！

三浦一輝
ソケッツ

よく考えたらまだ知り合って5年ほどなのですが、20年くらいの付き合いのような濃厚さ。本当にオモロイパイセンの本、必読です！

水野真紀子
同僚

私たちの開発した商品がコンビニを通じて日本の未来が見えていくきっかけになるといいな。

三橋春光
東京スポーツ営業局販売部 次長

ご出版お慶び申し上げます。あの品川の夜からの弊社との永いご縁に大変感謝しております。押しの強さに若干引き気味でしたが（笑）。

望月亜希子
セラピスト　化粧品開発者

商品でみんなをハッピーに！ 商品作りは思い出作り。なべてぃとの思い出の商品たちは宝物です！ 本も楽しみにしています！

吉村直途
ファミリーマート バイヤー

これさえ読めば、大げさでなく、日本が、小売が、コンビニが、どうなっているのかわかる！ 次の進むべき一歩に気づかせてくれる、そんな大切な一冊です。

和栗あゆみ
株式会社岸田屋 マネジャー

この人無くしてコンビニは語れない！ 行動力半端ない、考え方や物の見方、尊敬できる先輩です！

和田由貴
節約アドバイザー

渡辺先生の見事な着眼点や洞察力にはいつも驚かされます。普段利用するコンビニにも、違ったが風景が見えてきますよ！

渡辺健斗
大学2年生　長男

僕がコンビニでアルバイトをしている時に感じるさまざまな疑問もこの本を読むことにより解消されるかもしれません。僕のようにコンビニでアルバイトをしている学生の方々はもちろん幅広い世代の方々に是非読んでいただきたいです。

渡辺理斗
小学6年生　次男

ぼくがゲームをしている間にお父さんが一生けんめい作っている本なので、どんな本か楽しみです。それに前回にも本を書いているのですが、本屋に出す本は、これが初めてなので、売れてくれるのか心配です。でも、お父さんががんばって書いた本なので大丈夫だと思います。

山村 徹
近江兄弟社 代表取締役社長

20年来のお付き合い。バイヤー時代から半歩先を見た選球眼、約束を守る男気、広いネットワーク。さらに磨きがかかっています。

山本泰子
株式会社ヒーローズアカデミー 代表取締役
浜松芸能スクール

田舎には、コンビニが必需！！ 田舎にある長年続いてきた商店は、経営者の高齢化、後継者不足により閉店が続く現代！ コンビニは、高齢者を救う施設でもあり。

吉田泰知
スノーボード デモンストレーター

僕たちにとってスキー場周辺のコンビニは命の源。地方の店舗は採算取れないから閉店？…そんな未来は御免、渡辺先生に期待です！

吉田智子
プログラムマネジャー
ピラティスインストラクター　NY在住

コンビニにはいろいろな「日本」が詰まっている。ならば本書は、日本をも読み解く一冊になるのでは？ 期待しています。

YH
民放キー局 経済部記者

「現場」に駆けつければ、記者より先に「潜入」取材する渡辺さんに遭遇します。確かな経験知でフィールド取材を丹念に重ねた一冊。

Y.K
会社員

コンビニ活用中。イートインでコーヒーを飲み資格試験勉強します。宅配荷物の受け取り、切手購入します。オーナーさんに大変感謝です。

おわりに

皆様に支えられて……

本屋好きな私はいつか本屋に置かれる本を出版することが潜在的な夢でした。ネット記事がヤフトピでバズり、たくさんの方に読んで頂ける機会も増えたので、自分からもしくはご紹介で、出版社でお話を聞いてもらう機会も、ありがたいことにボチボチと。

〝出版不況で確実にある程度売れる可能性ある著者や本でないと難しい〟

〝タイトルにコンビニと付いた本は売れたことがない〟

と大体は2つの理由で取り合ってもらえないことが多く。芥川賞の『コンビニ人間』はイレギュラーと。

でも、コンビニは国民的小売業なので絶対にニーズはあるのになと内心は……僕は別としてコンビニってすごいからと。

『ホンマでっか!? TV』で共演、仲良くさせてもらっている、日本体育大学 岡田隆准教授のご紹介で芸能プロダクション ケーダッシュの阪口公一さんと会いました。そしてKKベストセラーズの鈴木康成さんと村瀬広一さんを紹介頂きました、お忙しいのに……。

そのときは、エロ話しかしてなかった気もするけど、何故だか本出しましょうって言ってもらえました。嬉しかったなあ。

編集の村瀬さんと松本晋平さんとの本づくりは、短い期間の仕事でしたが濃密で最も印象に残る〝仕事は思い出づくり〟となりました。

お世話になったコンビニの経験をまとめた本なんだから。当然か。

村瀬さんに無理言って、この本のベースになる仲間の応援コメントもできるだけたくさん掲載頂きました。

書店や取次への営業にも同席させて頂き。

表紙は会社のロゴや商品のパッケージでお世話になっている井手陽子さんに頼み、書籍に初挑戦頂きました。

本文のデザインはマーグラの藤原さんにお願いし、明るく伸びやかなイメージをつくって頂きました。

そして褒めて伸びるタイプの僕を終始褒めて頂いた村瀬さん、本当にありがとうございます。そして新しいこともたくさんやらせて頂きました。

いまでもお世話になりまくる多数のコンビニオーナー・本部の皆様にも感謝。

レギュラーコメンテーターをさせて頂いている、フジテレビ『Ｌｉｖｅ Ｎｅｗｓ α』山岸直人チーフプロデューサーには帯コメントをまとめて頂きありがとうございます。

そして自由に仕事をさせてくれる家族にも深謝深謝。

僕の青春時代のＧｏｏｇｌｅである〝浜松の谷島屋書店連雀店〟でこの本を買いたい。いつも本を買ってくれたいまでも尊敬している親父の分も。

著者略歴

渡辺広明

静岡県浜松市出身。東洋大学法学部経営法学科卒業。
マーケティングアナリスト、流通アナリスト、
コンビニジャーナリスト。
静岡県浜松市の親善大使『やらまいか大使』。
㈱ローソンにて店長・スーパーバイザー・バイヤーとして
22年勤務。約730品の商品開発にも携わる。
ポーラ・オルビスグループ㈱pdc勤務、TBCグループ㈱で
商品営業開発・コラボ企画・海外業務を歴任後、
㈱やらまいかマーケティング 代表取締役社長に。
フジテレビ『Live News α』『ホンマでっか!?TV』での
コメンテーターをはじめ、
『東京スポーツ』『デイリースポーツ』『オトナンサー』
『商業界ONLINE』にて連載を持つなど、
多種多様なメディアで活躍中。
『流通未来研究所』(オンラインサロン)を運営。
著書は「コンビニの傘はなぜ大きくなったのか』(グーテンブック)
講演・顧問・出演・執筆のご依頼は
メール:yaramaika39@gmail.com

ホームページは**https://www.yaramaikahw.com/**

コンビニが日本《にほん》から消《き》えたなら

2020年1月10日　初版第1刷発行

著者　渡辺広明《わたなべひろあき》
発行者　小川真輔
発行所　KKベストセラーズ
〒171-0021　東京都豊島区西池袋5-26-19
陸王西池袋ビル4階
電話03-5926-6262（編集）
電話03-5926-5322（営業）

https://www.kk-bestsellers.com/

装幀　井手陽子（iimon design studio）
本文図版　藤原裕美（ma-hgra）
構成　松本晋平
印刷所　近代美術
製本所　ナショナル製本
DTP　三協美術

ISBN　978-4-584-13958-5　C0036